ÊTES-VOUS EN SANTÉ SEXUELLE ?

DE LA MÊME AUTEURE

Avez-vous la bonne attitude sexuelle?, Éditions Publistar, 2010.

Au lit toi et moi nous sommes six, Éditions Publistar, 2010.

Couple en péril, Publistar, 2006.

À la conquête du plaisir sexuel, Trustar, 2000.

Sylvie Lavallée M.A.

ÊTES-VOUS EN SANTÉ SEXUELLE ?

TRÉCARRÉ
Une société de Québecor Média

Catalogage avant publication de Bibliothèque et Archives nationales du Québec et Bibliothèque et Archives Canada

Lavallée, Sylvie
  Êtes-vous en santé sexuelle ?
  ISBN 978-2-89568-696-5
    1. Hygiène sexuelle. 2. Sexualité (Psychologie). I. Titre.
RA788.L38 2017   613.9'5   C2016-942183-X

Édition : Nadine Lauzon
Révision et correction : Nadine Elsliger et Céline Bouchard
Grille graphique de la collection : Chantal Boyer
Couverture et mise en pages : Axel Pérez de León
Photo de l'auteure : Michel Paquet

Remerciements
Nous remercions la Société de développement des entreprises culturelles du Québec (SODEC) du soutien accordé à notre programme de publication.
Gouvernement du Québec – Programme de crédit d'impôt pour l'édition de livres – gestion SODEC.

Financé par le gouvernement du Canada | Canadä

Les Éditions du Trécarré
Groupe Librex inc.
Une société de Québecor Média
La Tourelle
1055, boul. René-Lévesque Est
Bureau 300
Montréal (Québec) H2L 4S5
Tél. : 514 849-5259
Téléc. : 514 849-1388
www.edtrecarre.com

Dépôt légal – Bibliothèque et Archives nationales du Québec et Bibliothèque et Archives Canada, 2017

ISBN : 978-2-89568-696-5

Distribution au Canada
Messageries ADP inc.
2315, rue de la Province
Longueuil (Québec) J4G 1G4
Tél. : 450 640-1234
Sans frais : 1 800 771-3022
www.messageries-adp.com

Diffusion hors Canada
Interforum
Immeuble Paryseine
3, allée de la Seine
F-94854 Ivry-sur-Seine Cedex
Tél. : 33 (0)1 49 59 10 10
www.interforum.fr

SOMMAIRE

MOT DE L'AUTEURE

« Ça fait si longtemps... ! » Cette phrase a changé ma vie. Grâce aux réseaux sociaux, j'envoyais ce message à mon premier amoureux, celui de mes 17 ans. Vingt ans plus tard ! J'osais faire un pas vers mon bonheur. Le 16 juin 2011 restera une date marquante et déterminante : celle de nos retrouvailles. Je m'offrais la chance de devenir une femme heureuse et amoureuse. J'avais pourtant tout pour l'être ; j'étais dans une relation conjugale stable et confortable. En fait, nous étions de très bons amis.

J'adorais ma maison et mon style de vie : voyages, sorties en bateau, voitures de luxe, etc. Je m'étourdissais dans mon travail à aider et à guider tout un chacun. « On enseigne le mieux ce que nous avons le plus besoin d'apprendre. » Vers la fin de cette relation, j'avais presque le syndrome de l'imposteur. J'étais loin de vivre une relation amoureuse épanouissante. J'étais incapable de savoir si j'étais heureuse. Je m'avouais avoir consciemment choisi mon « plan B » : un choix de tête et non de cœur. Ma raison avait pris le dessus sur mes sentiments. Moi qui suis de nature rieuse, spontanée, enthousiaste et passionnée, je m'étais éteinte... J'avais préféré être avec cet homme pour en finir avec les amours compliquées à sens unique, afin que mon cœur soit en paix plutôt qu'en mille miettes. J'avais atteint mon objectif : ce fut paisible pendant neuf ans. C'est lors d'un voyage à Hawaï que la vérité m'a sauté au visage : je ne l'aimais plus ! Au même instant – appelez cela de l'intuition, un appel de l'âme ou une voix intérieure –, TOUT m'imposait cette idée: « Sylvie, tu te dois d'être amoureuse un jour! »

Ironiquement, je venais de terminer la rédaction de mon dernier livre, *Avez-vous la bonne attitude sexuelle?*, un exercice quasi prémonitoire inconscient. Sans même réaliser l'aspect miroir sur ma vie, j'avais choisi d'écrire sur les thématiques suivantes: chute du désir, crise du mitan de la vie, infidélité, rupture et famille recomposée, car même si nous choisissons de taire notre besoin, il clame son désir d'exister! Ainsi, malgré la succession de déceptions et d'insatisfactions, et même si je faisais le choix d'abdiquer ou de me résigner, ça n'avait pas fait disparaître mes frustrations. Je suis devenue vulnérable aux tentations. « Et si mes envies trouvaient satisfaction ailleurs? » C'est alors que le fossé s'est creusé entre nous.

« Ça fait si longtemps...! » Ce message percutant a chamboulé la fin de ma trentaine. Lors d'un lunch au resto, j'ai figé, car j'ai cru reconnaître quelqu'un. À partir de cet instant, l'étincelle s'est produite. Un prénom est venu à ma conscience: Éric! J'ai tout de suite fait des recherches sur les médias sociaux. Et mon message est parti, comme une bouteille à la mer. Sa réponse ne s'est pas fait attendre et un rendez-vous s'est rapidement organisé. Ce jeudi soir de juin a fait en sorte que deux amoureux du collégial se retrouvaient, vingt ans plus tard. Nous ne nous sommes plus quittés depuis. Un *timing* parfait nous a donné la chance de nous revoir. Nos vies le permettaient. Et l'attirance était intacte! Avec lui, j'ai pu constater tout ce que j'avais manqué. Tout ce dont j'avais été privée. Mon Dieu! J'étais amoureuse d'un homme! J'ai réalisé à quel point je n'étais pas en santé sexuelle, affective et relationnelle. Je me faisais croire qu'un confort matériel et une bonne entente globale étaient de l'amour. J'étais loin de la vie rêvée. Je fantasmais à l'idée d'être remplie de désir pour un homme que je contemple et qui m'attire physiquement et intellectuellement. Je voulais vivre avec mon plan A!

À 17 ans, la vie nous avait offert un avant-goût de nous. Trop tôt, certes. Mais là, nous avions la chance inouïe de poursuivre notre histoire. Le lien existait déjà. Et il continue encore…

Depuis, je fais partie d'une famille recomposée, puisque Éric a deux filles. Lorsque je suis arrivée dans sa vie, elles avaient 2 et 4 ans. Ma vision édulcorée de la phase « lune de miel » avec cet homme exceptionnel me faisait m'imaginer que tout serait parfait. Quelle adaptation ! Je n'ai pas eu d'enfant, ni le désir d'en avoir. Je me suis retrouvée avec deux fillettes au cœur de la petite enfance, avec tout ce que cela comporte. Moi, belle-mère ! La vie m'a offert un immense cadeau et un défi de taille : un prince charmant et un père. J'ai dû rapidement apprivoiser une vie de famille avec deux petites filles qui ne sont pas les miennes. Quel est mon rôle ? Où est ma place ? Rassurez-vous, j'ai eu l'occasion d'énoncer mes appréhensions envers cette nouvelle réalité pleine d'imprévus ! J'admets avoir un amoureux aimant, conscient et conciliant. Un homme de cœur et de famille qui écoute, considère mes besoins et en tient compte.

La vie m'a fait un autre cadeau. J'ai reçu une offre pour animer une émission radiophonique quotidienne. Tout est arrivé en même temps. Tout s'est mis en place. Ma nouvelle vie m'a fourni des outils supplémentaires pour comprendre les familles. Comprendre la rupture. Que c'est étrange ! Comme si je devais la vivre pour être prête à honorer ce contrat. Je savais de quoi je parlais. Avoir obtenu la même proposition dans mon ancienne vie, le mandat aurait pris une tournure plus théorique et clinique.

Et j'ai réalisé une chose importante : si nous avons des buts à atteindre, la vie en a d'autres pour nous ! Depuis que nous sommes ensemble, mon amoureux me fait voir la vie sous un autre angle. Il ne cesse de me répéter que tout ne tourne pas qu'autour du travail et que je suis bien plus que ma profession. Je dois me définir autrement ; faire du sport pour canaliser mon énergie et évacuer mon stress, développer une conscience plus familiale, méditer et me détendre, apaiser mon esprit, mes doutes et mes incertitudes, prendre du temps pour moi et me faire confiance.

Changer de vie m'a demandé beaucoup de courage. Je suis fière d'avoir débarqué du ponton sur un lac sans vagues pour naviguer sur un voilier en haute mer. Nettement plus intense. Et si vivant !

SYLVIE LAVALLÉE

POURQUOI UN LIVRE SUR LA SANTÉ SEXUELLE ?

Parce que, au fil de mes années de pratique privée en clinique, je constate que le désir sexuel est contaminé et parasité par un mode de vie où tout va trop vite; il devient souvent complexe, abstrait, absent, comateux et peut même mourir. S'il s'amenuise, notre vitalité s'en trouve bouleversée. Le désir, lui, demande un temps contemplatif. Il est aux antipodes de la vitesse urbaine et technologique. Nous courons pour tout concilier et pour nous surpasser. Être performant aux yeux de qui ? Pourquoi ?

Mes patients demandent des trucs faciles et efficaces pour retrouver le désir, telles une pilule miracle ou une commande à l'auto d'une chaîne de restauration rapide. Ils souhaitent une consommation instantanée ne requérant aucune réflexion. Ça n'existe pas !

Une perte de désir est un avertissement.

Une perte de désir est un avertissement. Ce signal impose un temps d'arrêt et un examen sur sa vie. Qu'est-ce qui cloche ? Comment s'y prendre pour changer ? Quoi garder ? Quoi éliminer ? Il est difficile de faire des choix. Cela suppose de faire le deuil de ce qui ne fonctionne pas.

Les gens souhaitent que le désir réapparaisse comme par magie. La spontanéité aussi. Erreur ! Votre désir est prioritaire ? Imaginez-le comme une plante. Arrosez-la la première, au lieu de la garder pour la fin alors que vous n'avez plus d'eau dans l'arrosoir. Vous sentez-vous à sec ? Si oui, votre humeur risque de s'enliser et prendra des allures dépressives.

L'anxiété vous paralyse ? Vous souffrez d'insomnie passagère et craignez qu'elle devienne chronique ? Les bobos s'installent, vous avez mal partout ? Malgré les tests demandés, votre médecin ne trouve rien ? Vous a-t-il posé ces questions : « Êtes-vous stressé ces temps-ci ? Est-ce que tout se passe bien dans votre vie ? Dans votre couple ? » Il n'existe pas de test sanguin qui détecte le sentiment amoureux !

Au fil des ans, j'ai si fréquemment reçu des demandes cliniques au sujet de l'infidélité que j'en suis devenue spécialiste. Les individus infidèles ne sont pas en santé sexuelle, ils se questionnent : « Quelle est la raison qui me pousse à tromper ? » « Qu'est-ce que je veux réellement expérimenter ? » « Que ferai-je par la suite ? » Les patients qui consultent sont si mêlés, si ambivalents, si déséquilibrés, si perdus... Ils sont en errance. On ne trompe pas quand on est satisfait de sa vie et qu'on est bien campé sur son bonheur. On trompe car on cherche inconsciemment des réponses : partir ou rester ?

> On trompe car on cherche inconsciemment des réponses : partir ou rester ?

C'est une problématique fascinante qui me permet de porter mes deux chapeaux cliniques : sexologue et psychothérapeute. Je la compare à une pizza toute garnie, par la diversité des ingrédients. TOUT y est : les volets amoureux, relationnel, conjugal, affectif, fantasmatique, excitant, jouissif et identitaire. L'infidélité est bien plus qu'une question sexuelle. Elle touche l'identité ; l'être placé devant des choix. La culpabilité côtoie la permission. Le secret côtoie le dévoilement. La jouissance côtoie la souffrance. L'abandon côtoie le contrôle. Les aveux créent un traumatisme. Cette complexité me captive.

Et quelle joie lorsque je peux, au fil de nos rencontres, défaire certains nœuds avec le patient !

Une grande partie de cet ouvrage est consacrée à la thématique de l'infidélité afin de cibler les causes et les circonstances de cette « maladie sexuelle et conjugale ». Selon moi, retrouver une santé sexuelle, c'est reconnaître ce que l'on veut vivre. C'est mettre une oreille sur son cœur. C'est également assumer ses choix. Prendre des décisions. Vous désirez avoir une sexualité aussi longtemps que possible ? Ne perdurez pas dans une relation vide. Ne continuez pas de vivre ce qui ne fonctionne pas. Ne vous obstinez pas à croire qu'à répéter la même séquence il y aura un changement. Lorsqu'un symptôme apparaît, questionnez-vous. Ayez le courage d'entendre vos réponses, votre intuition, votre vérité. C'est ça, être en santé ! Demandez de l'aide, allez consulter. Questionnez les spécialistes en vue de trouver des solutions. Et bougez ! Votre sexualité change au fil du temps, elle évolue en fonction des âges. Suivez-la !

Dans ma pratique, je place la santé sexuelle dans un contexte de santé globale : physique, mentale, relationnelle et amoureuse. Puisque je reçois de nombreux patients affligés, accablés, épuisés et fatigués, je ne peux passer sous silence deux enjeux mentaux de nos vies modernes : dépression et anxiété, avec leurs médications associées si handicapantes sur l'agir sexuel, sans compter leurs effets secondaires. Afin de démontrer que le sexuel a sa place dans un esprit de globalité, je tiens aussi à parler des problèmes de santé physique, comme la douleur chronique. Avoir des ennuis de santé et souffrir jusqu'au plus profond de son âme ont une influence sur notre prédisposition érotique. Êtes-vous une épave épuisée, à bout de nerfs ? Si oui, réagissez !

CHAPITRE 1

EST-CE QUE LA SEXUALITÉ A UNE INFLUENCE SUR LA SANTÉ ?

La réponse est oui ! Le sexe est bon pour notre santé physique, émotionnelle, relationnelle et mentale. Je parle bien sûr d'une sexualité enrichissante et satisfaisante, sinon elle est frustrante ! Est-ce que le sexe engendre la santé, ou est-ce qu'être en bonne santé engendre davantage de moments intimes ? J'hésite toujours entre ces deux possibilités.

La sexualité est bonne pour votre relation. Elle solidifie le lien d'attachement. Les rapprochements ont des répercussions sur la qualité du soutien à l'autre et l'estime que l'on se porte. Elle génère un sentiment d'optimisme et une vision positive de la vie. Elle procure une perception agréable de soi et de l'autre.

La sexualité est bonne pour votre longévité. Une vraie fontaine de Jouvence ! Un chercheur en neuropsychologie du Royal Edinburgh Hospital (Édimbourg) a sondé trois mille cinq cents personnes âgées de 18 à 82 ans. Ses recherches l'amènent à conclure qu'avoir trois relations sexuelles par semaine prolongerait la vie de 50 % et rajeunit de dix ans. Le sexe est plus efficace qu'une crème antirides ou une chirurgie !

La sexualité est bonne pour votre sommeil. La sécrétion d'ocytocine réduit le stress, apaise et réconforte. De plus, la prolactine sécrétée lors de l'orgasme favorise l'endormissement.

La sexualité est bonne pour votre désirabilité et votre potentiel de séduction. Le post-coït crée un teint plus rosé par la vasodilatation et, madame, vous bénéficiez du *bedroom look* par une chevelure « volumisée » !

La sexualité est bonne pour la circulation sanguine, car elle crée plus d'oxygénation des tissus. Le taux d'immunoglobuline A dans le sang est augmenté de 30 %, ce qui renforce le système immunitaire par les antigènes sécrétés.

La sexualité est bonne contre les maux et la maladie. Elle est un antidouleur naturel qui équivaut à prendre deux ibuprofènes. Elle apaise les maux de tête et les migraines. Elle est également un élément de prévention du cancer de la prostate. Plus de sexualité veut dire davantage d'éjaculations et d'évacuation des toxines prostatiques. Elle peut réduire les risques d'avoir un cancer du sein, compte tenu de l'augmentation de la circulation sanguine. La sexualité aide aussi à la santé cardiovasculaire. En vérité, la sexualité correspond à un exercice physique sans les intervalles ! On y brûle cinq calories par minute. Et la rigidité pénienne le prouve : les plus petits vaisseaux sanguins du corps sont dans le pénis ; s'il y a pleine tumescence, les vaisseaux sont donc en bonne condition.

La sexualité est bonne pour le moral. Elle est un antidépresseur naturel par la sérotonine sécrétée, appelée couramment l'hormone de la joie et du bien-être. C'est un antistress. Une des meilleures méthodes pour calmer et apaiser. Par sa pratique, vous ressentez les sensations physiques au lieu de vos préoccupations mentales. En fait, c'est la combinaison de plusieurs techniques antistress : profondes respirations, activité physique et art du toucher.

La sexualité est indéniablement bonne pour notre santé. Elle fait fonctionner tous nos systèmes : hormonal, neurologique, musculaire et cardiovasculaire. Avoir des relations sexuelles en quantité et en qualité nous rend tolérants, souriants, flexibles, négociables, agréables, vivants, vibrants, dynamiques, jeunes et amoureux... Pourquoi s'en priver ? C'est une vérité qu'on aime ignorer au gré de nos humeurs et au rythme de nos frustrations affectives et conjugales. J'y reviendrai...

Lors d'une de mes chroniques à la radio, sur les ondes du 98,5 FM, dans l'émission de Benoît Dutrizac, j'ai résumé un article où des épouses énonçaient treize raisons de faire l'amour tous les jours. Cette chronique a beaucoup fait réagir. Ironiquement, je crois qu'elle a stressé les femmes, mais encouragé les hommes ! Voici les prétextes agréables et motivants d'une sexualité au quotidien :

- pour passer plus de temps à deux, en étant passionnés, cajoleurs, et en nous donnant du plaisir ;
- pour être plus affectueux en général, en démontrant davantage notre amour et notre attirance envers l'autre ;
- pour maintenir la forme par l'exercice physique (les bienfaits du sport, encore une fois !) ;
- pour échapper momentanément à notre routine de vie en oubliant tout le reste ;
- pour accroître la confiance : abandon, lâcher-prise et exploration sensorielle permise ;
- pour nous retrouver ensemble sans dire un mot ;
- pour diminuer le nombre de disputes ;
- pour développer notre créativité ;
- pour exprimer plus aisément nos fantasmes ;
- pour entretenir simplement notre romance ;
- pour atteindre l'orgasme : satisfaction pour nous et satisfaction vue sur le visage du partenaire ;
- pour augmenter l'estime de soi : nous plaire l'un l'autre ;
- pour une meilleure humeur garantie : chanter sous la douche et avoir le sourire au boulot.

Toutes ces raisons sont stimulantes et positives. Il est bénéfique d'inscrire l'activité sexuelle à notre routine quotidienne.

Mes propos à la radio avaient fait réagir, car j'affirmais ce qui semble impossible à réaliser de nos jours : avoir du temps pour soi et pour l'intimité. Nous sommes dans une société où il y a une « chronopathologie » : notre rapport au temps est pathologique. Tout va trop vite. Nous sommes pressés et essoufflés de nos vies trépidantes et de nos multiples engagements. Nous sommes fatigués. Fatigués mentalement. Nous sommes tracassés, anxieux, stressés.

Pourtant, nous savons tous que ça nous ferait un bien fou. Le sexe, c'est la célébration de la vie, du désir, du plaisir. C'est de l'excitation, de la satisfaction. Nous parlons de plénitude, de ressenti, d'abandon, de décharge de tension, etc. Mais nous avons peur ! « Je sais que c'est bon pour moi ET je refuse de le faire. »

« Voyons, Sylvie, c'est exagéré ! Faire l'amour tous les jours, ce n'est qu'au début d'une relation et avant l'arrivée des enfants ! Une cadence impossible à maintenir. En plus, je refuse de le faire mécaniquement et de me forcer. J'aime que ça arrive par hasard, par surprise. »

C'est exactement le propos de cet ouvrage. On comprend rationnellement la notion de santé sexuelle. Elle fait partie de notre santé globale (physique et mentale). Nous sommes responsables d'en prendre soin et de l'entretenir. Mais pourquoi ne rien faire ? S'obstiner à ne rien entreprendre ? Si vous tenez ce livre entre vos mains, c'est déjà un excellent début. Une prise de conscience s'amorce. Un mouvement est sur le point de se créer. Pour le mieux. Pour votre bien-être. Pour votre santé.

La relation sexuelle comporte plusieurs éléments fantastiques. Rien que du bonbon ! Les commentaires reçus illustrent tous les blocages qui peuvent apparaître au fil du temps : épreuves de la vie, relations amoureuses décevantes, complications diverses, insatisfactions. Je donne à mes patients l'exemple de la météorite pour montrer le problème : ce fragment de corps céleste a frappé le toit de leur maison en laissant un immense trou et, plutôt que de le boucher, ils vivent autour. Ils reconnaissent l'absurdité de ce vide et ne font rien. C'est un signe de maladie, et non de santé. Être passif au lieu d'être proactif.

CHAPITRE 2

QUELLE NOTE VOUS DONNEZ-VOUS ? À COMBIEN SE CHIFFRE VOTRE NIVEAU D'ÉNERGIE ?

Le sexe, c'est la santé. Quand nous avons une vie sexuelle satisfaisante, notre espérance de vie s'en trouve prolongée, nous conservons une apparence jeune et nous sommes de meilleure humeur. Mais qu'arrive-t-il quand nous nous sentons à bout de souffle ? À ma clinique, je reçois des gens au bout du rouleau et n'ayant plus de ressources. Je suis leur dernier espoir avant une rupture. Le cancer de leur couple est à un stade avancé. Le pronostic est mauvais. Lors de leur consultation, pour illustrer et concrétiser leur mode de vie, j'utilise une feuille de format 8 ½ x 11.

La feuille entière représente un état de santé de 8/10 et plus. C'est vous au sommet de la forme. Vous avez de l'humour et de la répartie. Vous dormez bien. Vous faites du sport, voyez vos amis, sortez et avez des projets. Vous êtes efficace, perspicace. Vous avez du ressort et du rebond. Vous êtes vif, dynamique et créatif. C'est l'état « vacances » : relax, détendu, apaisé. Vous avez une vie sexuelle active. Votre désir est facile, accessible et spontané. Vous êtes inspiré, démonstratif. Votre imagination est fertile. Vos fantasmes se multiplient ! Vous êtes amoureux, affectueux. Vivant, quoi ! Votre maison est accueillante et vous passez du bon temps avec vos invités. Leur présence est énergisante. Vous avez la tête pleine d'ambitions et de rêves. Est-ce que ce résultat vous représente ? Pourtant, cela exige efforts et persévérance. Exigences personnelles et relationnelles : « J'offre le meilleur, j'exige le meilleur. »

C'est un état fabuleux. On se sent en santé. Mais la vie peut changer...

Je plie la feuille en deux. Il s'agit d'un état moyen de santé avec une note de 5/10. La moitié de l'état précédent. Vous êtes fractionné dans vos capacités. La tension apparaît. La pression s'accumule au boulot. Vous avez des périodes d'insomnie. Fatigué, vous voyez votre concentration éprouvée. La logistique de la conciliation « travail-famille-temps personnel-temps du couple » est pénible. Vous êtes encore en mesure de travailler, de faire les lunchs des enfants et même d'avoir une vie sexuelle, mais les rapports sont moins fréquents.

Vous aimez recevoir des invités à la maison, mais vous êtes content lorsqu'ils partent. Épuisé, vous ressentez des tensions familiales et conjugales, et vous laissez traîner les choses, car parfois, comme par magie, les problèmes se résorbent. Jusqu'au jour où ils réapparaissent. Vous êtes sur vos énergies de réserve. Vivement les vacances, pour dormir et relaxer. Avoir du temps devient un fantasme. De même que de vous retrouver sur une île déserte sans enfant et sans personne dont prendre soin. La vie rêvée...

Il y a tant à faire... À la maison, il y a les impondérables : les tâches, les repas, les devoirs des enfants, leurs activités parascolaires, etc. Votre désir s'en ressent. Il est endormi et nettement plus flou qu'avant. Vous êtes moins entreprenant, mais vous acceptez les propositions. « Je n'ai aucune envie de me jeter à l'eau, mais une fois plongé, l'eau est bonne. » Vous entrez dans un cercle vicieux qui s'avère ne plus être vicieux. Vous en êtes conscient sans être en mesure de changer la situation.

Cette note est celle d'une grande majorité de personnes. On vit à moitié, avec un manque d'entrain et d'enthousiasme. On regarde les autres vivre, et on se demande comment ils font. C'est souvent dans ce contexte que les gens sont vulnérables à l'infidélité ; ouverts à la liaison qui saura les dynamiser et remettre du punch dans leur vie. Un désir retrouvé par un tiers qui s'immisce dans leur vie, ou par deux formes de distractions externes : une nouvelle fréquentation ou de la pornographie, qui permettent l'évasion d'une réalité contraignante et mono- tone[1]. Le plus grand risque est de s'habituer à cette situation et de maintenir un état « à moitié » pour s'en contenter.

L'autre symptôme du 5/10 est l'essoufflement. Tout va trop vite. On vit dans une société de « chronopathologie ». Êtes-vous toujours à la course ? Vous écroulez-vous dès que vous posez la tête sur l'oreiller ? Posez-vous la question : « Je cours après quoi ? » À force de tout vouloir et de tout concilier, on se perd : le couple à tout prix, la famille à tout prix, la carrière à tout prix, les voyages à tout prix... C'est une utopie de s'imposer de pareilles exigences.

Soyez réaliste ! Écoutez vos symptômes d'essoufflement. Ils parlent. Ils hurlent ! Ne serait-ce que la baisse de libido, qui, selon moi, est fort révélatrice de cette pointe d'iceberg. Le désir est le premier élément banni de l'agenda et la pre- mière souffrance de l'intimité. Ce mouvement vers l'autre ne se manifeste plus. Il ne fait plus partie de vos habitudes, c'est une preuve de cet ensevelissement et de ce débordement. Il est le premier signe. Le drapeau rouge. Demandez-vous pourquoi c'est désormais difficile de prendre le temps de respirer, de vous détendre, de vous évader, de profiter de vos soirées, de vos week-ends et de gérer votre stress. Je réitère ma question : vous courez après quoi, exactement ?

Selon un sociologue de l'University of Pennsylvania (Phila- delphie)[2], les gens sont plus stressés à la maison qu'au travail. Les chercheurs ont réuni un groupe de 122 personnes et ont mesuré leur stress pendant quelques jours passés au travail, coupés par un week-end. Le taux de cortisol, l'hormone du stress, a été évalué six fois par jour pour connaître le niveau de stress physiologique et a été associé au ressenti psychologique. Les réponses de l'évaluation disaient une chose, tandis que

---

1.   Ces enjeux seront expliqués au chapitre 7.

2.   https://contemporaryfamilies.org/work-lowers-stress-levels/

le taux de cortisol affirmait autre chose! Les gens sont plus stressés à la maison que sur les lieux de travail. Surprenant! L'idée répandue est plutôt que le travail est la source majeure de stress.

Le stress est défini par le besoin d'adaptation de l'individu à son environnement et par sa capacité à gérer une situation. Un stress ponctuel peut être un moteur pour certains, alors qu'un stress chronique, répétitif, peut déclencher un épuisement pour d'autres. La Dre Sonia Lupien, dans un excellent ouvrage de vulgarisation scientifique[3], décrit le stress par l'acronyme CINÉ.

C pour contrôle: l'impression de perdre le contrôle de la situation.

I pour imprévisibilité: la situation est imprévue ou imprévisible pour vous.

N pour nouveauté: la situation doit être nouvelle.

É pour ego menacé: la situation doit être menaçante pour votre ego.

Selon elle, chaque personne perçoit un événement stressant selon sa propre vision et en fonction de ces quatre caractéristiques.

Le travail peut avoir une valeur thérapeutique s'il est satisfaisant et s'il fournit des occasions de reconnaissance. C'est un lieu où s'expriment des liens sociaux et l'accomplissement personnel, essentiels au bien-être des gens. Les tâches à accomplir sont connues, ce qui donne un sentiment de maîtrise. En revanche, à la maison, les tâches sont multiples. Il est si facile de s'éparpiller! Au travail, vous savez où vos responsabilités s'arrêtent, ce qui n'est pas le cas dans la vie de famille. Votre engagement envers vos enfants est total, sans parler des travaux domestiques. Il est relativement facile de quitter un emploi; pas une famille. Au boulot, vous avez l'assurance d'atteindre vos objectifs. La vie de famille ne procure pas toujours

---

3.   Sonia Lupien, *Par amour du stress*, Montréal, Éditions au Carré, 2010.

ce sentiment. Le principal générateur de stress n'est pas la vie à la maison, ni le travail, mais l'articulation entre les deux.

Dans ma pratique, je constate que les hommes sont accablés, épuisés, excédés et stressés. Ils cumulent des dettes de sommeil et sont moins actifs physiquement. Le désir sexuel est sur le déclin ou anéanti. Le tout affaiblit la production de testostérone. Cela nuit à l'état de santé globale. Admettre une note de 5/10 suppose qu'il faille réagir. Nous sommes en surcharge de travail, un parent ou un enfant est malade, parfois nous-même ou encore notre partenaire. C'est très compréhensible et circonstanciel. Le danger est plutôt de généraliser l'état et de tomber à la note de 3/10.

Imaginez que vous pliez à nouveau la feuille. Des symptômes apparaissent. Des bobos sortent. L'icône du *check engine* s'allume sur le tableau de bord, mais vous l'ignorez. Alors, d'autres icônes s'allument. Votre corps vous envoie des signes : migraines, insomnie chronique, maux gastriques, problèmes de digestion, douleurs lombaires, allergies, intolérances, étourdissements, chutes de tension, nausées, faiblesses, somnolence. Que fait le corps lorsqu'il parle et qu'on fait la sourde oreille ? Il parle plus fort ! Tout comme pour le véhicule : on dirait un sapin de Noël qui s'illumine. D'autres symptômes apparaissent : dérèglement du cycle menstruel, désir sexuel anéanti, dysfonction sexuelle (douleur coïtale, anorgasmie, dysfonction érectile), humeur dépressive, phobophobie (peur d'avoir peur), niveau de stress élevé, anxiété, angoisse, panique, paranoïa.

Avec une telle note, vous devriez être en arrêt de travail. Vous en payez le prix. Votre corps vous le dit. Et que dire de votre humeur ? Vous êtes imbuvable ! Vous en voulez à la terre entière et votre niveau de frustration est élevé. Vous êtes hypersusceptible et agressif. Vous sentez que votre vie vous échappe. Vous n'avez plus de contrôle sur le temps. Vous êtes totalement bousculé par les événements. C'est plus facile pour vous de frapper sur les autres que d'assumer votre part de responsabilité. Tous vous avertissent de ralentir. Vous faites la sourde oreille. Vous êtes si insatisfait de votre vie que vous rêvez de tout laisser, de partir seul en vacances, loin. Vous flirtez avec l'idée de quitter votre travail. La garde partagée ? Bonne idée ! Une semaine sur deux où vous serez *off* de tout.

La plupart de mes patients se trouvent à ce stade. Plus rien ne va dans leur vie conjugale. L'insatisfaction se généralise dans toutes les sphères de leur vie. Ils ont vu leur médecin et commencent à consulter en psychothérapie. Le souhait premier ? Avoir une meilleure qualité de vie et ainsi retrouver la santé. Le chemin pour y parvenir nécessite une introspection. Est-ce votre façon de travailler ou plutôt la place qu'occupe le travail qui vous cause tant d'ennuis ? Une redéfinition des rôles parentaux améliorerait-elle les choses ? Qu'en est-il du choix du partenaire ? Êtes-vous ensemble depuis toujours, des *high school lovers* ? Aujourd'hui, à 35 ou 45 ans, vous choisiriez-vous encore ? Êtes-vous avec votre plan B : une personne digne de confiance, capable d'engagement, un bon parti, un bon ami ? Fait-il encore l'affaire[4] ? Êtes-vous au cœur d'une double vie ? Êtes-vous à l'aube d'une décision cruciale à prendre : partir ou rester ? En fait, qu'êtes-vous en train de vous admettre ? Que dit votre corps ? « Je n'en peux plus ! »

Lorsqu'ils s'attribuent la note de 3/10, les gens consultent leur médecin. Très souvent, celui-ci recommande un arrêt de travail. Il peut détecter des signes précurseurs d'une dépression : perte d'appétit, incapacité à éprouver du plaisir, perte de poids, difficulté à se concentrer, insomnie, désintérêt général, pleurs fréquents, manque d'énergie et de motivation, lourdeur, panne de désir, sentiment d'inutilité. Ou encore, il voit des signes précurseurs d'anxiété : anticipation du pire par la scénarisation de son propre film d'horreur ou impression d'une catastrophe imminente. Leur hamster mental est sur les stéroïdes et fait du *overthinking* ; il se prend la tête pour tout

---

4.   Ces deux concepts seront développés aux chapitres 11 et 12.

et pour rien. Le syndrome prémenstruel (SPM) des femmes est fort incommodant et elles vivent des épisodes intenses de détresse et de panique : étourdissements, sueurs, nervosité intérieure, confusion, tremblements, difficulté à respirer, engourdissements, épisodes incontrôlables de colère, battements cardiaques rapides.

Le médecin pourrait prescrire des antidépresseurs ou des anxiolytiques, ou les deux. Le but de cette médication est de rétablir une santé globale et de regagner une humeur permettant de se sortir la tête de l'eau, de ne plus se sentir au bord du précipice mais plutôt à un kilomètre de distance, afin d'avoir l'espace nécessaire pour rebondir. Enfin dormir et manger ! Prendre du recul par rapport à son travail pour s'en détacher émotionnellement afin de faire le vide. Reprendre le contrôle de sa vie. Avoir du temps libre pour faire le plein.

Certains résistent à la médication. Ils refusent d'admettre leur état d'épuisement. Ils n'acceptent pas d'être rendus là, à ce point « malades ». Ils oscillent entre la peur et la négation. D'autres se font dire par l'entourage de se changer les idées, de faire du sport, de partir dans un tout-inclus une semaine et de faire des siestes. Ce sont des solutions de surface. Quand on se sent à 3/10 ou 4/10, le cerveau fonctionne sur une note identique. Il fournit des stratégies déprimantes, démoralisantes. Le conseil d'administration mental ne fonctionne pas bien. Le GPS demande « Où aller ? » et ils n'en ont aucune idée, à l'exception d'une : fuir ! Je sais, il faut beaucoup de courage et d'humilité pour admettre son état, mais bien souvent on attend trop longtemps. Un conseil : dès que le *check engine* s'allume, réfléchissez et agissez !

Ceux qui choisissent la médication font un pas en avant vers un certain mieux-être, mais quinze en arrière côté libido. Je m'étonne de la censure sexuelle lors d'une visite médicale. J'étais très heureuse de pouvoir offrir une conférence à des omnipraticiens sur tout ce que les patients omettent volontairement de dire lors de leurs rendez-vous. On avoue facilement au médecin être fatigué, découragé et à bout de souffle, faire de l'insomnie et avoir une perte d'appétit, mais tout ce qui a trait à la sexualité est gardé sous silence ou jugé comme n'étant pas une priorité. Pourtant, les effets secondaires des antidépresseurs nuisent à l'état de la libido! Comme le patient n'aborde pas le sujet, le médecin traite l'urgence pour que son patient retrouve une fonctionnalité, mais les effets secondaires ne sont pas expliqués.

AVIS AUX MÉDECINS : si vous laissez des brochures dans votre salle d'attente à propos de la baisse de désir, de la dysfonction érectile, des douleurs coïtales, de la ménopause et de la sexualité des 65 ans et plus, davantage de questions vous seront posées par vos patients. Ainsi, vous serez en mode recherche de solutions et traitement approprié avec eux. Un patient qui greffe une démarche de sexothérapie/psychothérapie à la médication augmente ses chances de recouvrer une santé sexuelle, physique et relationnelle. Il est prêt à revoir ses comportements et ses stratégies. De plus, il est accompagné dans sa démarche.

Si je continue à plier la feuille, jusqu'au format carte professionnelle, c'est la note dévastatrice du 2/10: la dépression majeure. À peine capable de sortir du lit, de manger et de prendre une douche. Vous n'êtes plus fonctionnel. Vous avez des idées noires et vous êtes sans cesse envahi de préoccupations culpabilisantes. Des soins médicaux et psychologiques s'imposent.

Certains ont des périodes mélancoliques. Un nuage gris au-dessus de leur tête. Et parfois, l'ensoleillement revient comme par magie. Les choses se replacent. Vous discutez, vous trouvez de nouvelles méthodes, vous vous organisez mieux. Souvent, la situation se maintient et vous continuez à vous accommoder de ce qui est déraisonnable. Vous vous résignez, mais vous êtes loin de vos besoins et vous dépassez vos limites. Vous chialez et vous vous plaignez sans cesse. Deux questions doivent alors se poser : qu'est-ce que je veux et que me faut-il ?

Un besoin est indiscutable. C'est l'eau dans le désert. Un besoin n'est pas un caprice. Il n'est pas négociable. Lorsque j'exprime un besoin, suis-je écouté ? L'autre est-il attentif à ce que je dis ? Considère-t-il mes paroles ? Si je suis convaincu dans mes propos, je serai convaincant. Oser dire, c'est oser l'action et le changement. Me taire et espérer être deviné, c'est attendre, impuissant.

Mon Dieu, que tout serait plus facile si le partenaire possédait une boule de cristal et devinait nos envies ! Mais cela n'existe pas. Cessez de l'espérer. Si vous voulez quelque chose, dites-le. Demandez-le. Lorsqu'on a un esprit et un niveau d'énergie à 3/10, il est difficile de préciser avec exactitude nos désirs et nos besoins. L'épuisement relationnel y est pour quelque chose. « À quoi bon parler ? Il n'entend rien. » « À quoi bon me répéter ? Elle ne fait rien pour améliorer la situation. » Mais tant qu'un des deux chiale, c'est bon signe ! La journée où le silence domine, attention ! L'autre a possiblement la main sur la poignée de porte et se dit : « Qu'est-ce que cela donne ? »

L'état du 3/10 engendre souvent l'épuisement du sentiment amoureux : un détachement et une accumulation d'irritants, de déceptions, de peines et d'insatisfactions. « La coupe est pleine et déborde, j'ai une *écœurantite* de toi,

Vous fantasmez sur une rupture mais en êtes incapable, compte tenu des enfants. Les enfants sont les champions des perturbateurs conjugaux et une colle importante, quand vient le temps de songer à un divorce.

de nous. » Le *statu quo* est insupportable. Vous fantasmez sur une rupture mais en êtes incapable, compte tenu des enfants. Les enfants sont les champions des perturbateurs conjugaux et une colle importante, quand vient le temps de songer à un divorce. On y pense deux fois avant de commettre ce geste. Les répercussions et les dommages collatéraux sont énormes. Si l'un des deux est infidèle, il ne souhaite certainement pas porter l'odieux de la séparation.

L'épuisement du couple se voit par les symptômes du 3/10. C'est l'ambivalence : aimer bien tout en s'avouant que ce n'est plus suffisant. C'est apprécier un certain confort de la domesticité et du partenariat de la gestion familiale, être de bons amis et avoir des points communs. C'est aussi éprouver un manque, un vide, une absence de séduction, de passion, de désir. Cette ambivalence – « J'apprécie l'autre sans être amoureux » – engendre un doute. Les patients disent avoir de la difficulté à éprouver de la considération pour l'autre. Trop d'irritants se sont accumulés. L'ambivalence, le doute et le *statu quo* sont tellement énergivores...

Vous, de quoi a l'air votre feuille ? Quelle note vous donnez-vous ? Cette illustration par la feuille est un indicateur puissant de l'état de votre santé sexuelle. De quoi est-elle envahie, parasitée, handicapée ? Si vous avez la tête embrouillée, il sera difficile d'y voir clair. Prendre en main sa santé sexuelle, c'est mettre les choses en perspective. Avoir une vue d'ensemble. Une vision globale de la situation. De votre vie. Votre désir fait partie d'un ensemble de facteurs. Il s'inscrit dans toutes les sphères de votre vie : votre identité, votre couple, votre personnalité, votre tempérament. Votre désir bouge et change en fonction de votre âge et du temps. Si vous avez changé, admettez-le. Reconnaissez vos nouveaux besoins.

CHAPITRE 3

LE « MAL DU SIÈCLE » : LE TDAH. UN TROUBLE QUE TOUS SEMBLENT AVOIR...

Un peu distrait? Anxieux? Déprimé? Passer son temps à chercher ses clés ou arriver systématiquement en retard ne signifie pas qu'on a un trouble du déficit de l'attention avec hyperactivité (TDAH). On peut tout simplement être stressé, préoccupé ou mal organisé... Le TDAH est un trouble neuro-biologique qui entraîne des difficultés à contrôler et à freiner les idées (inattention), les gestes (bougeotte) et les comportements (impulsivité). Il affecte deux neurotransmetteurs en cause dans le mécanisme de l'attention: la dopamine, qui facilite le maintien de l'intérêt, et la noradrénaline, qui filtre les stimulus inappropriés. Ces messagers chimiques permettent aussi d'organiser ses idées et de rester concentré sur ses tâches. Environ 1 adulte sur 20 est touché, et seulement 10 % de ceux qui en sont atteints reçoivent un diagnostic... quand ils consultent pour leur enfant! Les symptômes présents chez l'enfant persistent à l'âge adulte dans plusieurs sphères de leur vie. Ils restent distraits, brouillons et désorganisés. Ils oublient leurs rendez-vous, arrivent en retard et gèrent mal leurs affaires personnelles. Certains sont rêveurs et absents, alors que d'autres sont impulsifs. Ils peuvent être hypersensibles ou avoir la mèche courte. Ils mènent de front plusieurs activités mais ne terminent pas ce qu'ils ont commencé. Ils agissent sur des coups de tête et disent tout haut ce qu'ils pensent. Ils ont parfois du mal à conserver leurs emplois. La routine les ennuie. Ils manquent d'attention. Ils parlent sans arrêt et ne semblent pas écouter. Ils évitent les tâches qui demandent un effort mental soutenu et attendent toujours la dernière minute pour terminer leurs travaux.

Sans qu'il s'agisse de dépression ou d'anxiété, la personne peut devenir anxieuse ou déprimée à force d'accumuler les erreurs ou les oublis. Aucun test ne permet de détecter le TDAH. Le diagnostic s'établit à l'aide d'un questionnaire détaillé, suivi de plusieurs rencontres avec un médecin de famille, un psychiatre ou un neuropsychologue. Certaines personnes atteintes ayant la bougeotte peuvent la canaliser par l'activité physique. D'autres se « traitent » avec des psycho-stimulants : caféine, nicotine ou drogue. L'estime de soi est fortement entachée, et il y a sentiment de sous-performance chronique. Avoir l'impression que son cerveau est comparable à un sac de pop-corn qui éclate, c'est loin d'être reposant !

En lisant ces symptômes, plusieurs lecteurs pourraient se reconnaître. Il arrive à tous d'être lunatique, un peu perdu et de relire continuellement les mêmes passages d'un livre. Fatigue ou stress ? Un peu des deux. Mais si depuis l'enfance certains déploient des efforts incommensurables pour arriver à s'organiser et à passer à travers leurs journées, pas étonnant qu'ils se sentent déprimés et que leur libido flanche...

Que dire de la difficulté à vivre en couple ? L'admiration et la capitalisation sont des éléments essentiels à la longévité de la relation. Avec le TDAH, il est impossible de cultiver la fierté du partenaire s'il semble décousu et pénible à suivre à cause des perturbations de son humeur. L'intimité s'en retrouvera ainsi diminuée.

Par expérience clinique, je constate une désespérance à implorer des changements sans que rien se fasse. Quand l'autre se déresponsabilise et procrastine, il est décourageant de constamment le confronter pour du changement, de lui répéter qu'une évaluation et un traitement s'imposent. Dans ce cas, le TDAH est un tiers dans la relation conjugale. Un invité qui n'a rien à faire ici ! Une nuisance.

Son proche parent... Le SPM !

Je tiens à faire un parallèle avec le syndrome prémenstruel (SPM). Tout comme le TDAH, il comporte une panoplie de symptômes, tant émotionnels que physiques. Une grande majorité de femmes ont des symptômes et une infime minorité d'entre elles ont des orages intenses ! Ils apparaissent sept à dix jours avant le déclenchement des règles, dont trois à quatre journées intenses. C'est un problème sous-diagnostiqué et sous-traité. Selon plusieurs médecins, il s'agit véritablement d'un désordre hormonal et endocrinien. Il existe plus de 150 symptômes liés au SPM. En voici quelques-uns :

- tension nerveuse : changement d'humeur, irritabilité, angoisse, maux de tête et insomnie ;
- compulsion envers la nourriture : appétit accru, désir de sucré, d'hydrates de carbone ;
- états dépressifs : émotions diffuses, oublis, difficulté de concentration, peurs et confusion ;
- hyperhydratation : augmentation de poids, ballonnements, enflures aux extrémités, gonflement abdominal, rétention des liquides ;
- sensibilités corporelles : douleurs aux seins, ovulation douloureuse, tensions musculaires, crampes musculaires et crampes abdominales, endométriose et douleur au dos ;
- comportements compensatoires : achats compulsifs, besoin de soins de beauté, impression de chercher la chicane, besoin de faire du ménage, besoin de dormir, envie compulsive d'avoir des relations sexuelles (!) ;
- autres : insatisfaction perpétuelle, sensibilité extrême, désir de tout abandonner, fatigue chronique, propension à fumer davantage, repli sur soi-même, moral très bas et impatience.

Le « profil type » est une femme entre 35 et 40 ans, qui ne pratique aucune activité physique, ayant deux jeunes enfants et peu de temps pour elle.

Attention toutefois à ne pas tout mettre sur le compte du TDAH ou du SPM. Ces deux états peuvent avoir le dos large.

Attention toutefois à ne pas tout mettre sur le compte du TDAH ou du SPM. Ces deux états peuvent avoir le dos large. En ce qui vous concerne, peut-être qu'il n'est nullement question de dérèglement neurobiologique ou hormonal. Dans ma pratique, j'aperçois trop souvent que ce « diagnostic » est servi à toutes les sauces de la vie conjugale. S'arranger volontairement ou inconsciemment pour blesser, offenser, humilier et rabaisser l'autre, c'est du sabotage. Mais se servir de ce « diagnostic » pour se déresponsabiliser envers ses devoirs et engagements, c'est de l'autosabotage.

En ce qui a trait au SPM, je vous recommande de tenir un journal gynécologique et de noter sur une période de quatre à six cycles menstruels les semaines où les symptômes apparaissent. Notez surtout ceux qui reviennent systématiquement : avez-vous un certain contrôle sur ceux-ci ou en êtes-vous fortement incommodée sans prise aucune sur vos maux et comportements ? Les hommes disent avoir une autre compagne durant ces périodes et les femmes ne se reconnaissent plus... Si tel est le cas, consultez !

Être en santé sexuelle signifie se prendre en main dans sa santé globale : physique, mentale, sexuelle. C'est être responsable de soi, de son être, de son âme, de son corps, de son sexe. C'est avoir un suivi médical annuel et être vigilant devant les changements. Si vous laissez faire, rien ne se réglera par enchantement. Apprenez sur vous. Écoutez et entendez la critique constructive de votre partenaire qui veut votre bien. Il vous voit vivre, agir et réagir.

Comme je l'expliquais au chapitre précédent, votre note exprime un état. Un 5/10 est encore « gérable », mais épuise graduellement. Dans ce cas-ci, nous sommes à 3/10. Ne niez pas la situation. Ne mettez pas tout sur le dos de votre tempérament. Constatez en quoi ces symptômes vous handicapent.

Voici, en guise de résumé, d'autres questions pouvant vous aider à rester conscient et vigilant à propos du TDAH.

- Devenez-vous facilement ennuyé ou perdez-vous rapidement votre intérêt ?
- Oubliez-vous régulièrement d'accomplir des choses que vous aviez promis de faire ?
- Votre désorganisation vous cause-t-elle des problèmes ainsi qu'à ceux qui vous entourent ?
- Votre bureau, votre chambre, vos tiroirs, votre voiture sont-ils en désordre et désorganisés ?
- Arrivez-vous souvent en retard au travail avec un café à la main ?
- Avez-vous régulièrement des sautes d'humeur, même si l'on vous a peu ou pas provoqué ?
- Votre mémoire a-t-elle tendance à avoir des trous au cours d'une conversation ?
- Avez-vous besoin de musique ou de sons pour calmer votre esprit dans le but d'atteindre le sommeil ?
- Êtes-vous de ceux qui peuvent déclencher des conflits sans le vouloir ?
- Madame, êtes-vous facilement distraite pendant vos relations sexuelles, ce qui peut ultimement réduire votre possibilité d'atteindre l'orgasme ?
- Êtes-vous stable en amour ou accumulez-vous les ruptures ?
- Êtes-vous attiré par l'échangisme, le triolisme, le mélangisme ?
- Utilisez-vous des drogues pour maximiser vos sensations lors de vos activités sexuelles ?

Si vous avez répondu OUI à plusieurs de ces questions, je vous suggère de consulter un spécialiste qui pourrait vous aider.

Comme le sable dans un verre d'eau, votre cerveau peut être embrouillé par les neurotransmetteurs qui se sont chargés d'emmêler le tout ! Votre corps peut aussi se sentir faible ou malade. Avec un 3/10, les bobos sortent. Que ferez-vous ? La dépression, l'anxiété et le TDAH sont des états qui nécessitent une évaluation médicale. Mais le stress peut aussi faire des ravages et engendrer des symptômes physiques. Votre condition gynécologique et urologique peut changer au fil du temps en fonction de votre âge. Il faut donc visiter régulièrement son gynécologue, et pas seulement pour un suivi de grossesse ou un contraceptif qui ne tient plus la route.

CHAPITRE 4

PILULE ET LIBIDO, UN COUPLE MAL ASSORTI ? FAUT-IL AVOIR PEUR DE LA PILULE ?

Les gens consultent beaucoup pour une baisse de désir sexuel. Nous le tenons pour acquis. Nous le croyons naturel, accessible sans effort. Mais pourquoi lui arrive-t-il de plier bagage ? Qui l'a fait partir ? Nous ? Est-ce en raison d'un problème médical ? Il se peut que ce soit un mélange des deux. L'état de santé et la médication peuvent engendrer des effets secondaires et estomper le désir sexuel, ou le rendre paresseux, difficile à sortir de sa tanière. C'est le cas avec la pilule contraceptive.

Plusieurs patientes disent la prendre depuis la fin de leur adolescence, dès le début de leur vie sexuelle active, vers 16 ans ou 17 ans, et ne l'avoir jamais interrompue. Jamais elles n'ont remis en cause son efficacité. Pratique, elle devient un contraceptif invisible, à l'exception qu'il faut se discipliner et la prendre systématiquement à la même heure chaque jour, et renouveler l'ordonnance. Certaines la prennent en continu afin de créer une aménorrhée (absence de menstruations) et ainsi ne jamais être « indisposée ». Qu'arrive-t-il lorsque la sensation à la pénétration s'estompe, que la panne de libido s'installe, qu'une sécheresse

« Le sexe ne m'intéresse plus, et je me sens déprimée », me disent certaines. « Lorsque je vais au lit, tout ce que je veux, c'est dormir », affirment d'autres.

vaginale apparaît ainsi qu'une difficulté à atteindre l'orgasme ? « Le sexe ne m'intéresse plus, et je me sens déprimée », me disent certaines. « Lorsque je vais au lit, tout ce que je veux, c'est dormir », affirment d'autres. Plusieurs femmes accusent leur contraceptif oral de bien des maux : prise de poids, seins douloureux, migraines, ballonnements, pilosité, sautes d'humeur, infertilité, nausées, acné. La pilule a fait les manchettes quand elle a été accusée de causer des problèmes liés à la circulation sanguine, aux dosages hormonaux, sans parler des cas d'accident vasculaire cérébral (AVC) et d'embolie pulmonaire. Les poursuites judiciaires se multiplient, des recours collectifs s'organisent. Peut-on s'y fier pour maintenir sa santé globale et sexuelle ? C'est à en douter, lorsque les symptômes se succèdent.

Je compare souvent la pilule aux antidépresseurs, deux comprimés qui régularisent le cycle menstruel et l'humeur. Imaginez la ligne stable d'un électrocardiogramme. Aucun mouvement. Pourtant, le désir aime les montagnes russes. Comme la Bourse, ça monte et ça descend ; il y a de bonnes et de moins bonnes journées. Tout comme dans la nature où tout change : saisons, cycles lunaires et marées. Et que dire de la vitesse technologique ? Tout va trop vite ! Parallèlement, on consomme deux médicaments pour calmer le tout. Normaliser l'humeur et le cycle menstruel. Je ne suis ni pharmacienne ni gynécologue, mais j'aimerais que vous vous posiez des questions. Se pourrait-il que ce soit la faute à la pilule ? Si oui, quelles sont vos autres options de contraception ? Est-ce qu'un dispositif intra-utérin, communément appelé stérilet, serait plus approprié ? Aimeriez-vous retrouver le rythme et le mouvement naturel de votre cycle menstruel pour vous donner la chance de « jouir » durant le sommet hormonal de votre période d'ovulation ? Mon meilleur conseil serait de changer de méthode de contraception pour quelques mois, question de savoir si votre vie sexuelle va s'améliorer.

Si votre partenaire se plaint d'une discordance de désir, alors que l'un a toujours le goût et que l'autre pourrait s'en passer indéfiniment, à ne rien changer, vous risquez d'affecter grandement deux aspects capitaux du couple : l'admiration et la capitalisation. Agissez pour votre santé ! La meilleure attitude serait de se mettre en mode recherche de solutions. La contraception et la régulation des naissances peuvent aller de pair avec la santé sexuelle. Vous aimez votre sexualité et espérez la vivre le plus longtemps possible ? Soignez-la !

CHAPITRE 5

LORSQUE DES ENNUIS DE SANTÉ NUISENT À VOTRE SEXUALITÉ

Un corps en mauvaise condition entache automatiquement l'énergie sexuelle. Par exemple, une dysfonction érectile donne un indice aux urologues sur la condition cardiovasculaire du patient : hypercholestérolémie, diabète, faible taux de testostérone, pathologie prostatique. Les plus petits vaisseaux sanguins du corps se logent dans le pénis. Lorsque ceux-ci semblent obstrués, quel peut être l'état des artères du cœur ?

J'apprécie grandement lorsque le patient se présente à ma clinique et qu'il a déjà vu son médecin. Ainsi, je peux m'attaquer aux causes psychologiques, car les causes physiques sont écartées.

Madame, si vous vivez des dysménorrhées (crampes menstruelles douloureuses), avez des caillots et faites des hémorragies, il serait bon de savoir si vous êtes atteinte d'endométriose ou d'une autre pathologie gynécologique ou utérine : qualité de l'endomètre, ovaires polykystiques, trompes obstruées. Sont-ce des séquelles d'une infection transmise sexuellement et par le sang (ITSS) asymptomatique ? Éprouvez-vous des douleurs à la pénétration à la suite d'un accouchement, d'une épisiotomie mal cicatrisée, d'adhérences après une césarienne ? Avez-vous des picotements intenses ou une décoloration de type lichen scléreux, psoriasis vulvaire ou eczéma vulvaire ? Il se pourrait que ce soit aussi une vulvodynie. La recherche démontre qu'un des états suivants pourrait la causer ou y contribuer :

- infections aux levures chroniques ;
- spasme des muscles du plancher pelvien ;
- irritation des nerfs de la peau ;
- prédisposition génétique.

Différents types de douleurs peuvent affecter la vulve. Les types les plus courants sont :

- un syndrome des brûlures, courant chez les femmes périménopausées ou postménopausées. Celles-ci souffrent d'inconfort constant, d'une sensation de brûlure ressentie dans toute la région vulvaire ;
- la vestibulodynie vulvaire (anciennement connue sous le nom du syndrome de la vestibulite vulvaire), qui se caractérise par une douleur à l'entrée du vagin qui n'est perçue que lorsque les lèvres sont séparées. Il peut être douloureux ou impossible d'avoir des relations sexuelles, et l'insertion de tampons peut causer une douleur intense.

Malheureusement, ce ne sont pas tous les médecins qui sont familiers avec ces troubles. Vous pourriez devoir consulter plus d'un médecin avant d'obtenir un diagnostic. C'est pourquoi il est crucial d'être préparée à sa visite médicale et d'avoir en main une liste de questions et de symptômes pour votre médecin. Sachez lui décrire votre douleur, où elle se manifeste et si elle irradie. Dites-lui si elle s'atténue ou s'aggrave. Ainsi, il pourra, lors de son examen, toucher différentes zones de la vulve au moyen d'un coton-tige pour tenter de déterminer les endroits douloureux. Insistez pour une consultation gynécologique auprès d'un médecin spécialiste des maladies de la vulve. S'il est manifeste que la peau de la vulve a changé d'apparence, le médecin peut recommander une biopsie cutanée. Il prélèvera une minuscule partie de la peau touchée (quatre à cinq millimètres) et pourrait avoir à faire un point de suture par la suite. Tout devrait être guéri en deux semaines. Le processus en entier ne devrait pas être trop désagréable.

Il n'existe pas de traitement unique contre la vulvodynie mais, selon les symptômes, les options de traitement sont nombreuses. Les médicaments topiques comme la xylocaïne ou une crème à l'œstrogène peuvent être appliqués sur la zone qui cause la douleur. Les médicaments pris par voie orale comme les antidépresseurs ou les anticonvulsifs sont des adjuvants de la douleur utiles contre ces maux chroniques. La physiothérapie du plancher pelvien et la rétroaction biologique comprennent des exercices qui peuvent également aider à prendre la douleur en charge et à la soulager. La physiothérapie réduit la tension accrue dans les muscles du plancher pelvien et soulage tout spasme musculaire associé. Sinon, la chirurgie peut être utile pour les femmes souffrant de vestibulodynie. Elle a pour but d'exciser la peau à l'entrée du vagin.

Surmonter la douleur chronique n'est pas facile. Surtout la douleur associée aux activités sexuelles ! Normal que celle-ci

L'évitement amplifie la peur d'avoir peur. Il ne vous guérit pas.

affecte les femmes au plus profond de leur identité sexuelle. Les femmes sont embarrassées, frustrées et déprimées. Elles anticipent le pire, de peur que la douleur surgisse. Il est donc normal pour elles d'éviter les relations sexuelles pour se protéger. Par contre, l'évitement ne permet pas d'acquérir de nouvelles habiletés. L'évitement amplifie la peur d'avoir peur. Il ne vous guérit pas. Ainsi, votre désir ne peut fleurir. Cherchez plutôt les causes de vos douleurs ou de vos malaises. Parfois, des causes médicales expliquent une dysfonction sexuelle. Cela vaut donc la peine d'investiguer !

L'humeur dépressive, une prise soudaine de poids, un sentiment de ralentissement du corps et une panne de désir peuvent être expliqués par une glande thyroïde paresseuse, une hypothyroïdie, sensiblement comme la ménopause et l'andropause, qui engendrent des changements psychiques et physiques. Monsieur, si vous vous sentez las, en panne de désir, en manque de tonus musculaire et que votre motivation tombe en chute libre, il se pourrait que votre taux de testostérone soit au plus bas. Et plus vous êtes stressé, plus votre taux de cortisol augmente (hormone du stress), ce qui fait baisser la production de testostérone. Il est donc utile de faire une analyse de la formule sanguine complète pour obtenir le traitement approprié.

D'autres maux et maladies (par exemple la polyarthrite rhumatoïde, la douleur lombaire chronique, la fibromyalgie, le lupus, les migraines, la maladie de Crohn, le zona) et la médication qui leur est associée génèrent aussi leur lot de complications. C'est terrible de devoir vivre avec une douleur constante. Vous êtes irritable, intolérant et frustré. Votre qualité de vie s'en ressent, vous êtes dans l'impossibilité d'avoir une qualité de vie sexuelle. Les conditions optimales sont absentes. Sans oublier l'imprévisibilité des crises causées par les symptômes aigus. Sans parler des hospitalisations. Et je ne parle pas de chimiothérapie...

Les années passent et nous vivons tous avec un petit quelque chose. Ma mère me disait qu'à 40 ans les bobos sortent, à 50 ils s'installent et à 60, il faut une intervention. Plus on avance en âge, plus on a de risques que la douleur persiste et augmente. C'est donc dire qu'avec le temps, notre mode de vie et notre hérédité, il est fort possible d'éprouver des malaises physiques. Que faire ? Endurer ? Encaisser ? Attendre ? Certaines personnes sont en arrêt de travail, invalides... Et elles évitent les déplacements, les sorties et les voyages par appréhension des symptômes. C'est néfaste sur l'humeur et la joie de vivre ! Donc mauvais pour le désir...

La santé sexuelle exige une surveillance de notre état physique et médical. Chercher à se soigner est nécessaire pour éviter que les symptômes s'installent et persistent. Certains n'ont qu'un simple rhume et s'administrent décongestionnants et analgésiques pendant une semaine pour retrouver une fonctionnalité. Ne restez pas là sans rien faire, à subir votre sort ! Il en va de votre santé sexuelle. Votre désir est précieux et puissant. Remettez en cause tout ce qui peut lui faire ombrage. Lorsqu'il s'agit d'une maladie, c'est rassurant, car un remède existe. Alors, ne vous en passez pas. Par contre, les enjeux psychologiques, relationnels et conjugaux sont plus flous et imprécis. Ils nécessitent des remises en question, une introspection et une analyse personnelle. Et au constat des réponses, des décisions s'imposent. Cela est nettement moins facile...

> **Votre désir est précieux et puissant. Remettez en cause tout ce qui peut lui faire ombrage.**

Prendre un comprimé de Viagra ou de Cialis est une chose, mais ce n'est pas en avalant une pilule que vous développerez vos aptitudes, compétences et habiletés érotiques : « *If you take a pill, you gain no skill* », a dit un conférencier américain lors d'un congrès mondial de sexologie sur les troubles érectiles et éjaculatoires.

En fait, je crois en l'utilité temporaire des pilules agissant sur l'excitation, pour le développement de la confiance en soi. Lorsqu'on vit avec une succession d'échecs sexuels, la confiance en prend un coup. Un petit coup de pouce s'impose. Et parfois, l'usage d'un demi-comprimé permet d'aller chercher l'effet placebo et de croire qu'en ayant absorbé la dose tout fonctionnera. La génitalité sera en conformité avec le désir. Enfin ! Prendre momentanément un de ces comprimés est tout à fait acceptable.

« Serai-je en mesure d'avoir mon érection et de la maintenir sans ça ? » La question se pose. Une pilule devrait générer de la confiance, pas de la méfiance, alors surveillez-vous afin d'en faire un usage parcimonieux. De plus, une mise en garde sérieuse est à faire contre l'achat en ligne de ces produits. Trop de liberté, pas de limites, aucun encadrement ni évaluation. La supervision médicale et clinique s'impose, tout comme l'utilité et la pertinence de la sexothérapie pour évaluer tous les autres enjeux en cause.

La médication est certes accessible, mais on traite uniquement la pointe de l'iceberg. En surface. Vous avez envie d'aller explorer la zone sous l'eau ? C'est la plus grosse partie du problème...

CHAPITRE 6

BIEN DORMIR POUR
BIEN JOUIR !

Je ne dors pas toujours bien. Et lorsque j'accumule des dettes de sommeil, je deviens carrément imbuvable. Dormir à deux représente pour moi un défi. Difficile de m'adapter au mouvement de l'autre et à sa respiration. Oui, je l'avoue, mon amoureux ronfle à l'occasion. Cela me mène à fantasmer sur une vie dans un manoir, moi dans l'aile est, et lui dans l'aile ouest, d'où il me serait impossible de l'entendre. Je rêve aussi de pouvoir me laisser porter dans les bras de Morphée dans un monastère. Un endroit absolument silencieux. Je ne suis pas de celles qui s'endorment au son d'une douce musique. Ça m'énerve ! Encore pire : le bruit régulier d'une horloge grand-père. Ça m'irrite tellement ! Donnez-moi un silence radio !

Je suis consciente que dans mes périodes de pointe professionnelles, ou affectée par un stress intense, je dors mal. Je dors comme un chien, juste d'une oreille. L'autre est bionique et hypervigilante ! Pourtant, je suis une grande dormeuse. Il me faut facilement huit à neuf heures de sommeil par nuit pour être fraîche et dispose et, quelquefois, je me paie le luxe d'un tour du cadran : douze heures ! Mon sommeil est mon baromètre de qualité de vie. Si je suis bien, en paix et en contrôle de mes dossiers, je dors mieux et je suis d'humeur agréable. Dès que je manque de sommeil, le pire de moi fait surface : irritabilité et impatience, mèche courte et susceptibilité.

Le fait de mal dormir nous incommode tous. Cependant, certains l'ignorent. Ils méconnaissent le pouvoir incontesté du sommeil, tant sur la santé générale que sur la libido. Je questionne régulièrement la qualité du sommeil de mes patients : ceux qui doivent voyager pour leur travail et qui sont souvent en décalage horaire, ceux qui ont des horaires rotatifs, ceux qui souffrent d'apnée du sommeil, les insomniaques épisodiques ou chroniques, les anxieux et les dépressifs.

Les ennuis de santé nuisent à la qualité du sommeil quand la douleur est envahissante et qu'aucune posture, pas même allongée, n'est confortable. Le sommeil affecte notre humeur et est représentatif de notre qualité de vie. Encore faut-il qu'il y ait une qualité à notre mode de vie... Nos inquiétudes et nos préoccupations affectent notre sommeil. J'ai cessé de dénombrer les personnes me disant avoir de la facilité à s'endormir, mais qui se réveillent fréquemment pour jongler avec moult soucis. Ils regardent l'heure et comptent celles qui restent avant le lever. À ne pas pouvoir se rendormir...

> **Le sommeil affecte notre humeur et est représentatif de notre qualité de vie.**

Dormez-vous tranquille quand vous ressassez sans cesse vos tourments, vos problèmes de couple et d'intimité ? Non ! Pouvez-vous dormir en paix quand, au moment de vous mettre au lit, vous faites votre devoir conjugal et qu'immédiatement après l'éjaculation tout est terminé et que vous restez sur votre faim, frustré, sans rien dire ? Non, vous ne pouvez pas dormir en paix ainsi !

Ou il se pourrait que vous utilisiez le sexe pour créer un apaisement qui vous aidera à dormir. Tant mieux ! Mais encore faut-il que le rapport sexuel ait été satisfaisant et « orgasmant », car au lieu de créer l'endormissement, ça vous gardera bien éveillé ! Les sens encore excités, le sentiment de frustration et les conflits conjugaux qui surviennent souvent lorsque seulement un des partenaires atteint l'orgasme contribuent également à retarder le sommeil.

J'ai tenu dans ce livre à prendre le temps d'aborder les enjeux médicaux en ce qui concerne les problèmes de santé tant physiques que mentaux. Le sommeil, selon moi, fait partie intégrante des deux. Bien dormir est un gage de santé. Dormir à deux complexifie la qualité du sommeil. Outre l'aspect sécurisant d'avoir son partenaire à ses côtés, les enjeux changent lorsqu'il y a des bruits ou des mouvements dérangeants. Je pense à ceux qui font du bruxisme (grincement des dents), ceux qui vivent avec le syndrome des jambes et bras sans repos, les impatiences musculaires et les engourdissements, ceux qui bougent constamment en tirant sur les draps et ceux qui parlent durant leur sommeil ou souffrent d'apnée du sommeil. Dormir près d'eux engendre des dettes de sommeil. Vous dormez moins et mal. Vos réveils sont fréquents et il est difficile de vous rendormir afin de terminer votre nuit. Du moins, ce qu'il en reste. Au travail, les tâches qui exigent de la prévoyance, de la planification et de la prudence sont celles qui souffrent le plus de ce manque de sommeil. Notre motivation est à la baisse et notre capacité de discernement est manifestement ralentie. D'après l'ouvrage du Dr J. Paul Caldwell[5], l'humeur est la première des victimes du manque de sommeil. Lorsque nous avons une perte de sommeil, notre réserve émotionnelle est nettement diminuée, ce qui amoindrit notre capacité d'adaptation. Les événements nous affectent plus que si nous étions reposé. Nous risquons

> **Lorsque nous avons une perte de sommeil, notre réserve émotionnelle est nettement diminuée, ce qui amoindrit notre capacité d'adaptation.**

5. Paul J. Caldwell, *Le Sommeil, le comprendre et l'améliorer, ses troubles et ses remèdes*, Laval, Guy Saint-Jean Éditeur, 2009.

beaucoup plus de nous sentir triste, déprimé, découragé. L'auteur affirme que l'épuisement et le désespoir nous envahissent, et nous devenons plus intolérant à la douleur. Ça vous dit quelque chose ?

Les ronfleurs, maintenant. Ils sont généralement inconscients des bruits qu'ils produisent, puisqu'ils sont endormis ! À moins de les enregistrer à leur insu, ils ne peuvent pas s'entendre et comptent sur vous pour établir la différence entre un ronflement bénin et une apnée du sommeil avec arrêt respiratoire. Les gens qui me disent passer leurs nuits avec un ronfleur ont les mêmes réactions : colère, isolement, frustration, en plus d'éprouver une fatigue chronique. Difficile de désirer une personne qui vous empêche d'avoir une bonne nuit de sommeil. Difficile de ressentir de l'empathie ou de la compassion pour une personne qui vous fait vous lever au milieu de la nuit pour aller dormir ailleurs, souvent sur un lit d'appoint, au sous-sol, dans une chambre d'amis ou carrément sur le divan. Lorsque vous êtes installé moins confortablement, réveillé, frustré envers l'autre, la colère monte. Et le désir s'envole.

Difficile de désirer une personne qui vous empêche d'avoir une bonne nuit de sommeil.

Le ronflement est un problème que vous partagez avec l'autre. Des changements dans le style de vie s'imposent (perdre du poids, cesser de consommer de l'alcool, faire de l'exercice, arrêter de fumer, se décongestionner les sinus, traiter une allergie saisonnière, etc.). Quand j'appréhende une autre mauvaise nuit, je lance à la blague que j'irai au lit la première afin de m'endormir avant son arrivée. J'avoue que ça aide ! Je vous recommande cette stratégie. Sinon, faire chambre à part pourrait être envisageable. Que dire aussi des jeunes parents avec un nouveau-né qui ne fait pas ses nuits et que madame allaite toutes les deux heures ou encore avec un jeune enfant qui vit des terreurs nocturnes ou souffre d'anxiété et se réveille fréquemment, affectant du coup la qualité de votre sommeil ? Dormir, pour les parents, devient quasiment un fantasme : partir en vacances et s'offrir une cure de sommeil.

Est-ce que l'insomnie est un symptôme psychologique ? La dépression est une cause courante d'insomnie chronique. Outre les symptômes déjà mentionnés, le manque de sommeil peut venir d'une tristesse mélancolique, de l'impression d'être inutile, de l'incapacité à se concentrer, d'une diminution de l'intérêt et du plaisir pour les activités quotidiennes, d'une perte ou d'un gain de poids ; on voit apparaître aussi des changements significatifs dans les habitudes de sommeil, qu'il s'agisse d'insomnie (réveils trop matinaux, difficulté à s'endormir ou réveils répétés) ou d'hypersomnie (sommeil excessif).

L'anxiété pourrait également être en cause dans l'insomnie. Aux prises avec des idées irréalistes, une appréhension constante et des inquiétudes excessives, les gens anxieux sont si sensibles aux changements de leur environnement qu'ils sont incapables de se détendre. Ils ont aussi la sensation constante d'être bousculés. Cette irritabilité est accompagnée de fatigue. Ils ont de la difficulté à s'endormir, tout comme à rester endormis. C'est très énergivore d'être toujours préoccupé. L'anxiété entraîne aussi une série de symptômes physiques : souffle court, suffocation, palpitations, mains moites ou froides, bouche sèche, nausées, diarrhée et autres troubles abdominaux, comme si une catastrophe était imminente. Ces symptômes peuvent survenir la nuit et vous réveiller. Tout peut affecter le sommeil.

Habituellement, notre principal agent stressant apparaît lorsque nous sommes au repos, alors que l'esprit est à peu près vide et que nous sommes sur le point de nous mettre au lit. Nous nous mettons à penser et à stresser. Et plus nous essayons de dormir, moins nous en sommes capable ! Notre hamster est sur les stéroïdes !

Je reviens avec l'idée de faire chambre à part. Lors de mes études universitaires, dans les années 1990, les professeurs qui enseignaient la théorie sur la thérapie conjugale voyaient d'un mauvais œil l'idée de faire chambre à part, signe d'éloignement et d'évitement de l'intimité, de conflit récurrent ou que rien ne va plus. Selon eux, cela illustrait davantage une dynamique de compagnonnage, de colocation ou de la fin de la séduction et de l'érotisme. De nos jours, plusieurs projets domiciliaires de maisons de prestige offrent deux chambres principales, deux salles de bains et deux *walk-in*. Le luxe correspond désormais à deux choses : le temps et l'espace.

Dans le Québec d'autrefois, faute d'espace, on partageait le même lit. Et ce fut associé à une garantie d'intimité. Oui, la proximité favorise les rapprochements libidineux. À l'époque, jamais on ne se souciait de la qualité du sommeil ou du fait de pouvoir « bien dormir ». Pourtant, on sait maintenant qu'être en dette de sommeil crée plusieurs problèmes. Le plus frappant est la perte de désir et d'intérêt sexuel. Et que dire des conflits de couple ? « Je dors mal à cause de toi ! » Faire chambre à part préserve les deux : votre désir reviendra, car vous dormirez mieux, et votre humeur aussi, car vous aurez passé une bonne nuit ! Qu'en pensez-vous ?

J'entends toutefois plusieurs protestataires. Le lit est l'un des rares endroits de communion du couple. La chambre est un sanctuaire, un lieu de célébration de l'amour. Dormir ensemble est une manière de se remémorer chaque soir que nous formons un duo amoureux. Ce moment exclusif a des vertus apaisantes ! Beaucoup apprécient le contact de la peau de leur partenaire. Ils sont si bien, blottis dans les bras de celui ou de celle qui partage leur couche. Se coller en cuillère est si réconfortant !

Faire chambre à part est un choix tabou et honteux ! Une étude réalisée par la Fondation américaine du sommeil indique que 20 % des partenaires aux États-Unis ne dorment pas ensemble[6]. La première raison évoquée est le désagrément du ronflement. Vient ensuite l'insomnie, le besoin d'un espace à soi, le désir de lire à sa guise et des habitudes nocturnes qui diffèrent. D'ailleurs, des chercheurs de la Ryerson University (Toronto) ont analysé la qualité du sommeil de plusieurs couples[7]. On y apprend que nombre d'entre eux n'atteignent jamais la phase profonde du sommeil en raison des mouvements et des bruits émis par le conjoint. Ces perturbations nocturnes engendrent d'autres difficultés : réveils pénibles, fatigue, sautes d'humeur, comportements agressifs, intolérance et impulsivité. Faire chambre à part devient une fabuleuse idée si vous maintenez les clés suivantes.

1. Gardez le contact physique et multipliez les marques de tendresse et d'affection toute la journée.
2. Fixez-vous des rendez-vous doux : massage, bain, sieste...
3. Maintenez votre désir, votre inventivité, votre créativité.
4. Gardez vos conversations sur l'oreiller. Mettez-vous au lit ensemble et, une fois l'autre endormi, éclipsez-vous vers votre lit.
5. Continuez à avoir des relations sexuelles.

Même si la coutume veut que des partenaires dorment ensemble, la situation peut ne pas vous convenir. Mais les pièges sont nombreux lorsqu'on fait chambre à part, particulièrement si on le fait pour les mauvaises raisons ; les problèmes sexuels et relationnels ne disparaîtront pas. Décider de dormir séparément parce qu'il y a des querelles est une mauvaise idée. C'est nier et fuir les problèmes. C'est même toxique de se servir de la situation pour manipuler et punir l'autre par

---

6. http://madame.lefigaro.fr/societe/couple-sur-cinq-fait-chambre-part-281113-632318

7. www.cbc.ca/news/health/more-couples-opting-to-sleep-in-separate-beds-study-suggests-1.1316019

une bouderie offensive : « Je te boude volontairement, je sou-
pire et claque les portes, je te fais subir mon silence, et j'aime
que ça t'exaspère. » Vous érigez alors un mur entre vous, en
maintenant une distance.

Quand nous traînons nos préoccupations jusque dans
notre lit, la qualité de notre sommeil est à l'image de notre
mode de vie. Si nos ennuis de santé en sont un indicateur, l'insomnie l'est aussi. Et l'une des causes principales de l'insomnie
est justement très souvent l'infidélité...

CHAPITRE 7

BIENHEUREUX LES INFIDÈLES !
L'INFIDÉLITÉ RÉVEILLE
ET RÉVÈLE...

Voilà une thématique qui mérite toute notre attention. Depuis la sortie de mon livre précédent, *Avez-vous la bonne attitude sexuelle ?*, où un chapitre complet concerne l'infidélité, j'ai reçu tellement de demandes cliniques à ce sujet que j'oserais affirmer que j'en ai fait une spécialité. C'est LE motif de consultation le plus populaire à mon cabinet. J'ai écrit ce chapitre il y a six ans et, depuis, je n'ai cessé de recevoir des témoignages. Ceux-ci ont affiné ma pensée et ma philosophie concernant cette réalité. Les infidèles sont à la fois en santé sexuelle et en « maladie ». Il s'agit d'une problématique fort complexe à cause de l'ambivalence identitaire qu'elle crée. Ce clivage de l'être semble exprimer : « Je suis une personne X

> **Les infidèles sont à la fois en santé sexuelle et en « maladie ».**

dans ma relation principale, et une personne Y ailleurs. » L'ordinaire côtoie l'extraordinaire. Le meilleur et le pire en soi s'expriment. En consultation, j'ai réalisé que ces individus sont fort vivants. L'infidélité fournit des réponses à leurs questions conscientes et inconscientes. Qu'est-ce que je suis en train de vivre ? Pourquoi ? Quelle est mon intention réelle et cachée ? L'infidélité crée un trouble émotionnel. Ces personnes se savent en plein cœur d'une trahison, mais en même temps elles sont happées par une force intense, un mouvement du cœur, de l'âme et du corps. Elles se doivent de passer à l'action.

Après les nombreux témoignages entendus, je suis en mesure d'affirmer qu'on ne trompe pas lorsqu'on est envahi de bonheur, en état de plénitude ou aux balbutiements d'une nouvelle fréquentation. Les gens peuvent être infidèles sexuellement (ils contreviennent aux valeurs et aux principes conjugaux de l'exclusivité et de la loyauté), mais demeurent fidèles à leurs vérités, à leurs besoins et à leur éthique personnelle.

> **L'infidélité réveille et révèle ! C'est une source inépuisable d'information. Elle renvoie à ce que la personne désire vivre et ressentir maintenant et dorénavant.**

L'infidélité s'infiltre dès qu'on camoufle une information au partenaire de vie : du premier mensonge (premier filtre d'information) à tout ce que je ne dis pas à l'autre. En guise d'exemples : un message privé sur les réseaux sociaux, un texto (sexto), un *chat* sur un site de rencontres, un dîner aucunement d'affaires, un baiser, un massage érotique, une danse dans un isoloir, une fellation par une escorte, une tension érotique réciproque et avouée envers une collègue, un condom dans une valise en vue d'un congrès, un tout-inclus où *tout* est inclus... Je ne vous apprends rien. Je veux simplement que vous soyez en mesure de vous l'avouer. Ce que l'infidèle cache, il le cache parce qu'il tient à continuer d'agir ainsi. Ce qui m'interpelle, comme thérapeute, c'est l'intention. Quel est le but ? Quel est le besoin ? Quel est le sens ? Quelle est la quête ?

L'infidélité réveille et révèle ! C'est une source inépuisable d'information. Elle renvoie à ce que la personne désire vivre et ressentir maintenant et dorénavant. Le train passe, est-ce que j'embarque ? Certains me disent le regretter ; pourtant, ils poursuivent l'aventure. Alors pourquoi ne pas sauter du train ? Parce qu'ils savent très bien que la relation principale comporte ses manques et est vide d'un ingrédient crucial : l'intensité de se sentir vivant par la vibration du désir ! Voilà la confrontation cérébrale de l'infidélité : on reçoit en pleine figure ce qu'il nous faut.

Un homme m'a déjà avoué ceci : « Je suis un tigre qui a mangé de la moulée toute sa vie. Ce n'est pas MA nourriture. Avec l'autre femme, j'avais de la viande appétissante. »

Certains sont à l'écoute de leur besoin et s'octroient la permission d'aller de l'avant. Ils font une gestion de leur agenda caché par la superposition des deux idylles. Ils sont les gardiens de leur secret. D'autres sont ambivalents et se questionnent sur leur moralité. Ceux-là laissent des traces, des actes manqués. Comparables à un sac à ordures rempli, mais fermé. Même fermé, l'odeur nauséabonde se répand. Imaginez si ce même sac reste ainsi pendant deux semaines. Il sent davantage !

Sans que vous le disiez, TOUT en vous le dit. Votre langage non verbal, vos errances, vos mystères, votre emploi du temps soudainement très chargé, votre attitude évasive, vos insomnies, votre changement de look, votre nouvelle motivation à vous rendre au travail, l'attention portée à vos sous-vêtements et à votre entraînement, votre irritabilité, votre distraction, votre pseudo TDAH/SPM (!), l'absence de projets familiaux et conjugaux, votre emploi du temps secret, votre téléphone intelligent devenu votre seconde peau. Bref, TOUT parle.

Évidemment, cela parle également à un partenaire de vie sensible à votre nouveau langage. Certains font volontairement l'autruche. « Je ne veux ni voir ni savoir. » Un aveuglement volontaire. Je me souviens d'une patiente convaincue de la liaison de son conjoint, qui voulait le surprendre avec des gadgets d'investigateur, tout particulièrement une microcaméra cachée dans une clé USB ou un stylo. Je lui ai dit : « Supposons que vous laissiez traîner un tel accessoire. Serez-vous capable de voir et d'entendre ce qui sera dit ? Que ferez-vous par la suite s'il s'avérait coupable ? Quelle sera votre décision : partir ou rester ? » Elle a immédiatement rejeté l'idée de mener son enquête, incapable d'affronter la vérité et ses conséquences. L'autruche était la meilleure attitude pour elle.

Une loi simple existe en couple : nous vivons avec une personne complémentaire à soi, mais nous trompons avec une personne similaire à soi. La complémentarité enrichit et stimule. Elle nous fait avancer et est constructive. Elle fait partie de notre évolution. Elle nous rend meilleur. En revanche, elle nous épuise. C'est énergivore d'argumenter sur nos contradictions et contrariétés, et de négocier sans vraiment atteindre un terrain d'entente. La similitude, elle, est rafraîchissante ! Le semblable est si réconfortant, si apaisant. « J'ai trouvé mon clone affectif, intime et érotique. » Deux histoires qui s'emboîtent bien : deux infidèles ensemble. Sans jugement mutuel, car les deux trompent leur partenaire de vie. En bonus, ils font ces gestes pour les mêmes raisons : l'ennui, la désillusion, la déception, ainsi que les carences affectives, sensuelles et érotiques.

> Une loi simple existe en couple : nous vivons avec une personne complémentaire à soi, mais nous trompons avec une personne similaire à soi.

En tant que sexologue et psychothérapeute, il m'est primordial de me prononcer sur l'infidélité, car elle comporte tellement plus qu'une quête érotique pour assouvir son désir, ses pulsions et ses fantasmes... C'est une quête identitaire. La quête d'une vie. Une stratégie. Plusieurs parlent de lâcheté : pourquoi ne pas constater l'échec de la relation et sa fin ? Il suffit de rompre pour ensuite refaire sa vie. Pourquoi garder les deux relations et faire souffrir l'autre lorsqu'il l'apprendra ?

Partir et refaire sa vie est facile à dire. C'est agir selon les règles de l'art, avec maturité, dignité et clairvoyance. Pourtant, les choses sont plus complexes : les gens greffent une autre relation à la principale parce que, ainsi, ils se sentent en équilibre. Ils ont des bénéfices et des lacunes dans leur union. Ils comblent ces lacunes ailleurs. L'humeur s'en porte mieux et ils régularisent ainsi leur irritabilité et leur intolérance. Leurs aventures apaisent et soignent les frustrations. Cependant, aucun changement ne se fait au sein du couple. Le fossé se creuse entre les deux réalités. Et comme la vie n'est pas un film de science-fiction, on ne peut pas faire une seule personne avec les deux : l'amant et le mari, la maîtresse et l'épouse. Ça ne se peut pas.

> **Leurs aventures apaisent et soignent les frustrations. Cependant, aucun changement ne se fait au sein du couple. Le fossé se creuse entre les deux réalités.**

Troublante réalité aussi lorsque la liaison devient plus qu'une histoire sexuelle. On parle alors d'une infidélité amoureuse. L'attachement se développe, on commence à se dire « Je t'aime » et à fantasmer sur un avenir commun. D'un simple *flirt*, la relation évolue : rendez-vous érotiques, actualisation de certains fantasmes, expériences vibrantes, impression de jeunesse, folies permises, bonheur extraordinaire caché à l'autre, accumulation de mensonges, week-end à l'extérieur du nid conjugal, escapades et occasions stimulantes saisies au vol, moments de quotidienneté qui donnent un aperçu de ce que serait notre vie, complicité qui évolue, sentiments qui se dévoilent, attachement qui prend forme et l'amour qui arrive enfin ! La situation a changé.

Le *flirt* s'est développé et vous a porté ailleurs. Dans une autre dimension. C'est devenu plus grand que nature. Plus gros que ce que vous croyiez. Vous aimez deux personnes. Troublante réalité. Et ces deux vies ne sont comparables en rien. D'un côté, il y a la stabilité, la sécurité, la vie légitime et la vie familiale. De l'autre, c'est la fébrilité, la jouissance, la découverte, la liberté, la clandestinité et l'éventuelle vie brisée. Mais peut-être une vie nouvelle... Les perspectives ont changé.

Mais pour en arriver là, il faudra prendre une décision. Annoncer la fin du couple au partenaire et se séparer demande beaucoup de courage. Il faut tout d'abord se familiariser avec l'idée et se l'admettre à soi-même. Étape très difficile. C'est la fin du couple et de la famille parfaite, nucléaire, intacte : papa + maman + enfants tous ensemble. Ce ne sera plus jamais pareil. Se séparer engendre des dommages collatéraux. Le réseau social, familial, financier et territorial change.

Je reçois plusieurs patients à cette étape. En plein cœur de l'ambivalence et émotionnellement en otage. Ils sont coincés. Que faire ? L'idéal serait de s'imposer un « arrêt sur image » pour mettre le couple en pause et vivre de six mois à une année avec l'amant ou l'amante, juste pour comparer. Certains le proposent sous le couvert d'une pause, comme une transition entre être ensemble et être séparés. Mais en presque vingt ans de pratique, je n'ai jamais entendu qu'une pause était exclusive au partenaire de la relation principale. Vœux pieux ! Elle sert bien souvent de récréation et, parfois, elle permet de constater où la personne veut être.

À partir de ce moment, le discours change aussi entre les amants. Au-delà du prochain rendez-vous à un motel quelconque, ils en arrivent à exposer leurs insécurités : « Puisque nous trompons tous les deux, nous risquons de nous séparer de nos couples respectifs, alors parlons des vraies affaires... » « Est-ce une première expérience pour lui et un mode de vie pour elle ? » « Aurons-nous un avenir ensemble ? » « Quelle sera la garantie de fidélité ? » « Est-ce que notre passé est garant de notre avenir ? »

L'ambivalence entre ces deux réalités – partir ou rester – provoque des doutes. On craint ultimement de se tromper : « Et si je le regrettais ? Et si je n'avais pas pris la bonne décision ? » La question que je pose à ce moment à mon client est celle-ci : « Si vous choisissez de vous réinvestir à fond auprès de votre partenaire de vie, est-ce envisageable de reprendre l'intimité ? Serez-vous enchanté d'avoir une relation sexuelle ? » Je dois vous avouer que parfois j'ai devant moi des visages de dédain et d'aversion à l'idée de devoir revivre une sexualité inintéressante.

Je poursuis dans la même veine : « Si un génie émergeait d'une lampe et exauçait votre souhait d'effectuer une transformation complète de votre partenaire – comme l'autre, mais en mieux –, seriez-vous enchanté et convaincu de vous réinvestir ? » Encore une fois, j'ai devant moi des visages perplexes, circonspects et empreints de réflexion. On est loin de la spontanéité : « Oui ! C'est ce que je demande et que j'espère depuis toujours ! » C'est donc dire que la liaison prend la forme d'une relation. On s'y est investi en se désinvestissant petit à petit de la relation officielle. Et même si l'autre devait opérer un virage à cent quatre-vingts degrés, rien n'y ferait.

Un conseil : changez 1 dollar pour 100 ou pour 1 000. Si vous désirez changer de vie, choisissez une personne pouvant vous propulser et être un catalyseur. Trouvez quelqu'un qui saura maximiser votre plein potentiel, ici, maintenant, dorénavant. D'ailleurs, je n'ai jamais entendu un patient être infidèle avec une copie conforme de son partenaire de vie. C'est le différent qui est désiré, érotisé, fantasmé et rêvé.

Quel est votre besoin réel ? Peut-il être comblé au sein de votre relation officielle ? Ou uniquement au sein de la relation clandestine ?

Décider de rester ou de partir doit reposer entièrement sur ce point : selon vos désirs profonds, êtes-vous assez honnête envers vous-même pour vous choisir maintenant ? Quel est votre besoin réel ? Peut-il être comblé au sein de votre relation officielle ? Ou uniquement au sein de la relation clandestine? Je m'adresse à ceux qui ont une vie parallèle depuis plusieurs mois, voire quelques années. Qu'attendez-vous pour faire le saut? Que connaissez-vous de l'autre qui vous enchante? Cela correspond-il à vos besoins actuels?

CHAPITRE 8

BRIQUE OU PLUME :
QUE COMPAREZ-VOUS ?

Le piège de l'infidélité est de comparer deux éléments incomparables qui ont leur nature propre. En thérapie, j'utilise fréquemment l'image de la plume et de la brique pour en faire la démonstration. La plume représente l'amant : beau, léger, inspirant, innovateur, libre, désirable, simple et doux. La brique symbolise la relation conjugale au fil des ans. Elle est solide et durable. Elle vaut son pesant d'or : le poids des années de vie commune, les projets, les décisions, les enfants, les habitudes partagées, la stabilité, la sécurité et les souvenirs. Bref, le poids de tout ce que l'on a bâti, de ce à quoi on croit.

Elle peut être aussi très lourde ! Une lourdeur d'enjeux non résolus et de problèmes qui semblent insolubles. Une lourdeur dont les récriminations non entendues et les changements demandés se font attendre. Abnégation. Résignation. Sacrifice de soi pour ne vivre qu'en fonction des enfants. À force de leur donner toujours le meilleur, ce sont les vacances à deux et le temps d'évasion qui écopent. Il n'y a plus de conjugalité et l'humour a disparu. L'air bête l'a remplacé. La communication se fait par le biais des chicanes, des impatiences et des irritabilités. La sexualité est devenue problématique : routinière, monotone, fade, sans couleur et sans saveur. Elle est de plus en plus inexistante. On fait chambre à part. Plus aucun effort n'est fait pour se séduire. À quoi bon ? Le linge mou est tellement confortable ! Pourtant, il y a des complications, de la lourdeur et des préoccupations. Qu'est-ce qu'on fait encore ensemble ? S'aimer ? Ça veut dire quoi ?

La frustration accumulée par un partage inégal des tâches ménagères a une influence directe et dévastatrice sur la libido. C'est une brique omniprésente dans un couple : « Pas ce soir, chéri, j'ai fait trop de lavage... » Selon l'opinion des femmes, les discussions autour du partage des tâches finissent par miner la qualité de vie du couple : « Il ne semble pas voir tout ce que je fais, jamais de reconnaissance, aucune considération. »

Ces femmes surévaluent le travail qu'elles font à la maison et sous-évaluent ce que font les hommes. Les hommes considèrent que leur partenaire accorde trop d'importance à ces questions. Ils surévaluent le travail qu'ils font et sous-évaluent le travail des femmes. Le cercle vicieux s'alourdit. On est loin de former une équipe !

Que ce soit pour acheter la nourriture, préparer les repas et faire les lunchs, s'occuper du transport des enfants, gérer les affaires scolaires, acheter les vêtements des enfants, organiser les rendez-vous médicaux et les activités parascolaires, ramasser, passer l'aspirateur, faire le lavage, plier et ranger les vêtements, s'occuper des finances, veiller à l'entretien du véhicule, prendre en charge les gros travaux de réparation et de rénovation, planifier les sorties et les voyages de couple : qui fait quoi chez vous ?

Réalisez-vous tout ce que fait l'autre ? Êtes-vous en plainte constante ? Faudrait-il réajuster le tir ? Sentez-vous que vous auriez un effort à fournir ?

Réalisez-vous tout ce que fait l'autre ? Êtes-vous en plainte constante ? Faudrait-il réajuster le tir ? Sentez-vous que vous auriez un effort à fournir ? Plus encore que l'équité du partage des tâches, c'est le sentiment de former une équipe qui procure une satisfaction. Vous mettrez toutes les chances de votre côté en évitant de faire ce qui suit :

- souligner les tâches que l'autre ne fait pas : inutile d'apostropher votre partenaire avec des phrases assassines comme « Tu n'as pas encore fait la vaisselle ! ». Il a peut-être cuisiné le repas, supervisé les devoirs, lu une histoire et fait un peu de lessive... Si vous ne remarquez pas ce que l'autre fait de bien, il risque de démissionner, car il se fait critiquer d'emblée et semble ne rien faire correctement, de toute façon ;
- dire à l'autre comment faire : se répartir les tâches ne veut pas dire qu'elles doivent être accomplies de manière identique à la vôtre. Il faut accepter la touche unique de l'autre et sa différence. Ainsi, personne ne se fait infantiliser ;
- tout calculer : énoncer la liste de tout ce que nous avons fait et comparer avec ce que l'autre a exécuté. Il s'agit de la meilleure façon d'établir une lutte de pouvoir par la comparaison ;
- sexualiser les tâches : je crois qu'il est plus efficace que les tâches soient réparties en fonction des compétences et des intérêts de chacun. Faire la vaisselle est pour moi une façon de me détendre, mais j'ai en horreur le jardinage ! Inventez vos propres règles de fonctionnement ;
- se comparer aux autres : vous perdrez votre temps et votre énergie. Ce que l'on voit en apparence chez les autres n'est qu'un aperçu. Si votre collègue fait le souper en arrivant du boulot, peut-être qu'il n'est pas aussi habile de ses mains que votre conjoint ! Encore une fois, à chacun ses compétences et habiletés.

Parler de la répartition des tâches domestiques peut sembler simpliste. Il n'en est rien. C'est une cause majeure de dispute. Et toute dispute alourdit l'atmosphère conjugale et fait décliner l'intimité. C'est une brique. Les tâches du quotidien sont ingrates parce que c'est un éternel recommencement ! Et comme on en parle constamment, on érige un mur de brique.

La plume est invitante, bienvenue, inattendue, inespérée et rafraîchissante ! Elle apporte douceur, chaleur et frissons. Enfin des sensations ! C'est si simple ! « Moi qui me croyais endormie, enfin je vis ! Enfin je vibre ! » Le désir est

Le désir est puissant, mais il aveugle notre raisonnement.

puissant, mais il aveugle notre raisonnement. Comparez équitablement. Demandez-vous en quoi la plume est si belle. Pourquoi vous la percevez ainsi. En quoi elle fait la différence dans votre vie. Est-ce que la plume est faite pour ne rester qu'une plume ? Cette liaison à court terme peut-elle se métamorphoser en une relation à long terme ?

CHAPITRE 9

EST-CE QUE CE N'EST QU'UNE HISTOIRE DE SEXE ?

Entre la plume et la brique, mon cœur balance. Je me passionne cliniquement pour les enjeux de l'infidélité, car son analyse est comparable à un fascinant sac de nœuds ou encore à une toile d'araignée. Plusieurs enjeux sont en cause. La problématique est fort complexe puisque la raison et les sentiments se voisinent. Peut-on bâtir une relation à partir d'une pulsion sexuelle ? Est-ce garant de l'avenir ? Et s'il y avait erreur sur la personne ? Sommes-nous autre chose qu'un produit sexuel ? Cette relation a-t-elle le potentiel pour du « long terme » ? La plume correspond au *kick* sexuel, au coup de foudre fracassant et vif ! « Le train du bonheur passe, j'embarque ! » Mais où va ce train ?

Il est encore mal vu socialement de se laisser porter par une histoire sexuelle et de tout quitter pour elle. Ce n'est pas assez noble, pas assez raisonnable : « Les bases de notre relation ne peuvent pas être que charnelles. » C'est du moins ce qu'un patient me mentionna quant à son choix de partenaire. En couple depuis plus de vingt ans, de nombreuses fois infidèle, il divorça. Immédiatement après, il rencontra une femme très compatible au lit. Sexuellement, il n'avait rien à redire. Tout était parfait ! Ils ont passé beaucoup de temps ensemble à faire du sport et des voyages. Comme ils vivaient chacun chez soi, leurs rencontres étaient ponctuées de sexualité. Malgré tout ce vécu échelonné sur deux années, il doutait qu'elle soit la bonne. « Et si c'était ma relation de convalescence ? Celle auprès de

qui on se répare en redevenant une personne à part entière ? »
Je me plais à qualifier ces fréquentations de « clins d'œil de la
vie ». Que sont ces rencontres qui arrivent trop vite dans nos
vies, alors qu'il était prévu de profiter du célibat pour se redécouvrir, réfléchir et prendre son temps sans rien précipiter ?

> ## La question à se poser demeure essentielle : en quoi l'autre fait-il une différence dans ma vie ?

Dans ce cas, la
plume est à l'origine
du tourment. Tout se
précipite : « Suis-je en
train de m'étourdir ?
De ne pas vivre ma
peine par un méca-
nisme défensif qui me
coupe de mes émotions en passant par le sexe ? » Cette hypo-
thèse est plausible. D'ailleurs, il existe moult moyens de se
couper de ses émotions :

- se jeter dans le travail corps et âme et ne plus compter
  ses heures ;
- se surentraîner ;
- se goinfrer ;
- trop dormir ;
- s'étourdir par des activités à tous les jours, soirs et week-
  ends afin de ne pas se retrouver seul ;
- consommer drogue, alcool et jeux ;
- et... le sexe !

C'en est compulsif. C'est comme la main dans le sac de
chips : « Je n'ai plus faim, mais j'y retourne quand même ! » Pour
y voir plus clair, revenez à la base. Êtes-vous en maîtrise de la
situation ? Reconnaissez-vous la place que prend cette nouvelle
personne dans votre vie ? N'oubliez jamais que c'est à vous de
choisir et de vous sentir totalement libre. La question à se poser
demeure essentielle : en quoi l'autre fait-il une différence dans
ma vie ?

Qu'est-ce que l'amour ? Qu'est-ce qu'aimer ? L'amour comporte trois ingrédients.

1. L'engagement : choisir d'évoluer dans le temps avec la même personne et d'y être fidèle. Faire des projets à long terme.
2. L'intimité : semblable à l'amitié. Veiller au bien-être de l'autre. Se démontrer de l'affection. Se dévoiler. Se soutenir.
3. La passion : fantasmer sur le partenaire, se désirer et avoir la volonté de faire partie d'une activité sexuelle.

Idéalement, ces trois aspects constituent un amour complet. Ne serait-ce qu'une histoire de sexe et de passion ? Est-ce possible d'envisager l'ajout des deux autres volets (engagement et intimité) ? Partagez-vous des intérêts communs ? Des valeurs similaires ? Avez-vous les mêmes buts dans la vie ? Regardez-vous dans la même direction ? Avez-vous la relation à cœur ?

Je sais que certains partenaires se trouvent sur des sites de rencontres et maintiennent leur profil ouvert pour demeurer accessibles à d'autres rencontres. Ils magasinent dans le dos de l'autre. L'un est exclusif, l'autre contemple d'autres plumes... Je n'ai rien contre. Surtout si vous n'êtes pas totalement convaincu de la candidature et du potentiel à « long terme ». Attention, toutefois : vous augmentez les risques de comparaisons en faisant d'autres rencontres, et vous serez mêlé davantage ! Il se peut aussi que, par cette méthode aléatoire, vous précisiez votre choix. Tout dépend de votre intention :

- je veux demeurer libre et ne m'attacher à personne. Je vis dans le moment présent et je saisis les occasions sexuelles qui se présentent ;
- j'hésite, je ne me fais pas confiance, je ne sais pas vraiment ce que je veux, je me cherche...

Et vous ? Envie de préciser votre choix ? Voici cinq façons d'aimer, issues du livre *The 5 Love Languages*[8]. Nous avons tous une langue maternelle, celle qu'on parle facilement et spontanément. L'amour s'exprime comme un langage, par des attitudes et des comportements. Quel est le vôtre ?

L'AMOUR QUI SE DIT PAR LES MOTS

Ils expriment une appréciation : tout ce qui est dit, écrit, textos, courriels, cartes de vœux, mots laissés sur la table. « Je pense à toi, tu me manques. Tu es incroyablement belle et *hot* dans cette robe ! » Des mots de reconnaissance, de gratitude. Des mots qui inspirent une capitalisation : « Je suis fier de toi ! Je t'admire. » Se dire souvent des compliments est primordial : ils sont un moteur puissant de motivation conjugale. « J'apprécie réellement ce que tu fais pour moi. » Des mots d'encourage-ment qui inspirent le courage sont importants. Ils soulignent le potentiel de l'autre. Ils sont un catalyseur de changement, ce qui permettra au partenaire de faire un premier pas et de parler par une demande et non une exigence, avec délicatesse, respect, politesse et douceur. Le climat émotionnel s'en voit automatiquement changé !

LE TEMPS DE QUALITÉ

Offrir à l'autre votre entière attention. Lorsque tout s'arrête et qu'il n'y a que vous deux, chacun est disponible et attentif aux propos de l'autre. Il faut faire sentir à l'autre qu'il occupe la première place : « Tu es mon numéro un, ma priorité ! » Il est important de faire garder les enfants, de souper en amou-reux, de partir en escapade, de trouver une activité sportive, de prendre des vacances. Il est bon de réapprendre à partager votre espace en duo exclusif pour vous écouter et vous dire ce que vous aimez entendre, et de valider pour vérifier si l'autre

---

8.   Gary Chapman, *The 5 Love Languages. The Secret to Love that Lasts*, Northfield, 2010.

a bien compris. Le partenaire « prend soin » par une attitude positive, bienveillante. L'accent ne doit pas être mis sur ce que vous faites, mais sur pourquoi vous le faites.

OFFRIR ET RECEVOIR DES CADEAUX

Avez-vous des rituels et vos propres raisons de célébrer ? La date de votre rencontre, une fête, Noël, la Saint-Valentin, un anniversaire de mariage ? Que vous offrez-vous pour vous faire plaisir ? « Voici ce que j'ai acheté en pensant à toi ! Voici ce que mon cadeau exprime. » Le cadeau est un objet ayant une valeur visuelle. Nous n'avons qu'à penser aux alliances échangées lors du mariage. La bague a une forte valeur symbolique de votre amour éternel. N'attendez pas une occasion spéciale. Si

> Se dire souvent des compliments est primordial : ils sont un moteur puissant de motivation conjugale.

votre partenaire se sent aimé avec ces petites choses, sachez que ce sera votre meilleur investissement. Peu importe la valeur du présent, la valeur émotionnelle est énorme. Votre cadeau peut être le don de vous-même et la valeur de votre présence. Tout comme être accompagné à l'hôpital, ça n'a pas de prix ! Ou une présence physique en temps de crise ; le cadeau le plus considérable que vous puissiez faire.

RENDRE SERVICE

Aimer, c'est aussi faire plaisir en se proposant d'exécuter une tâche que l'autre n'aime pas faire, et l'exécuter par amour. C'est offrir son aide par plaisir, sachant qu'ainsi l'autre gagne du temps et s'épargne une corvée. L'ensemble des tâches du quotidien requièrent temps, planification, effort, pensée et énergie. Si elles sont exécutées dans un esprit positif, c'est un acte d'amour.

Contacts physiques

La tendresse, les câlins, se tenir la main, s'enlacer, se toucher, seuls et devant les autres, par ces gestes on se dit : « Je te vois, je suis là, avec toi ! » Pareil quand on prend le temps de s'embrasser, de se coller, de se masser, de se caresser, de se goûter et de faire l'amour. Offrez-vous des instants de toucher gratuit. Que pour le pur plaisir de le faire, tout simplement.

Toute personne est sensible à l'un de ces langages. S'il manque, notre réservoir d'amour se vide. S'il est présent, le réservoir se remplit. Lequel est le vôtre ? Inspirez-vous de ces points de repère pour évaluer votre liaison. Cela vous aidera à voir ce que vous partagez réellement et à envisager l'aspect « long terme » s'il y a lieu. Ainsi, vous donnerez plus de poids à votre plume !

CHAPITRE 10

TERRAIN DE JEU
OU LABORATOIRE ?

Imaginez ces deux images : un microscope dans un laboratoire et un ballon. Ces deux objets symbolisent deux attitudes, en thérapie. Le microscope dans le laboratoire est l'image de l'aspect sérieux pour lequel le problème est mis sous la loupe. On en fait l'examen. On recherche. On analyse. On réfléchit et on se pose des questions. On émet des hypothèses et on tente de les vérifier. Le laboratoire représente les problèmes et l'ensemble des briques du couple. C'est très sérieux. On ne rigole plus, car il n'y a rien de pire que l'idée de ne plus pouvoir s'en sortir, comme si on avait avalé la clé de la cellule dont on est prisonnier. On est coincé et l'incidence émotionnelle est élevée, énergivore.

Êtes-vous un partenaire de jeu pour l'autre ?

Le ballon dans le terrain de jeu, lui, est l'amusement simple, libre et spontané. C'est la vraie conjugalité : avoir du plaisir ensemble ! Êtes-vous un partenaire de jeu pour l'autre ? Le terrain de jeu, c'est aussi se séduire, se surprendre, s'étonner, se découvrir, se désirer et avoir hâte de se voir. L'infidélité est le parfait terrain de jeu. Enfin la récréation ! D'autant plus si le couple est comparable à un laboratoire rigide, sérieux et austère avec deux gestionnaires de la domesticité familiale. Des amants ? Pas le temps ! Même en train de jouer dans la cour de récré, l'ambiguïté n'est jamais loin. « J'adore le terrain de jeu, mais il faut un peu de sérieux quand même. Il est nécessaire de parler des vrais enjeux : tu me plais et je veux te choisir pour ma nouvelle vie, mais ensuite ? Quel est notre avenir ? »

Le terrain de jeu n'est que ludique. Vous pouvez même colorier à l'extérieur des lignes ! C'est le plaisir et l'audace, plus rien à voir avec les qualificatifs « sérieux », « raisonnable » ou « sensé ». Avez-vous déjà été des partenaires de jeu ? Savez-vous ce qu'il vous faut faire pour vous amuser ? L'étiez-vous avant, mais plus depuis l'arrivée des enfants ? Qu'est-ce qui freine la mise à jour du volet récréatif dans votre vie ? S'il vous reste de la motivation, TOUT est encore possible. Par contre, si l'abnégation et la résignation logent en votre demeure et dans votre cœur, la route sera longue, car vous partez de loin.

CHAPITRE 11

ÊTES-VOUS EN COUPLE
AVEC VOTRE PLAN B ?

Je suis demeurée estomaquée des résultats d'un sondage parus dans un magazine sur le désir sexuel des femmes. À la question « Êtes-vous en couple avec votre type d'homme ? », 85 % des répondantes ont dit non ! Incroyable affirmation, mais fort compréhensible. Une femme écorchée par des expériences amoureuses passées, mal aimée, trahie, trompée, violentée psychologiquement, sexuellement et physiquement, par des candidats incapables de s'engager ou de s'investir, incapables d'aimer et sans aucun projet à long terme dit ceci de son ancien compagnon : « Il était tellement beau, mais tellement vide... voire méchant ! » « Le crapaud que j'ai voulu changer en prince charmant... » Je la comprends de vouloir reposer son cœur et trouver un amour tranquille et paisible. Elle mérite une paix réparatrice.

Avertissement : cette quiétude a une durée limitée. Au premier signe de déclin sexuel, vous le saurez ! Mon expérience clinique me le confirme. Les mariages « arrangés » de notre société moderne, à savoir des relations choisies par la tête plutôt que par le cœur et le désir, comportent des risques. Qu'est-ce qu'un plan B ? Un plan B, c'est être avec quelqu'un de beige, d'ennuyeux, d'éteint et sans *sex-appeal*. C'est une personne qui pourrait passer facilement entre le mur et la peinture, à l'ego discret, fade. Insipide. Pâle. Tiède. Une personne qui ne vous fera pas de mal. Et c'est exactement pour cette raison que la femme le choisit. Faute de mieux !

« Il fera un excellent père et avec lui je pourrai réaliser mon projet de famille. S'il m'arrivait un coup dur, il pourrait assurer la relève et devenir un soutien financier. Avec lui, je dors la tête tranquille. Il ne pense pas constamment aux aventures sexuelles qu'il rate parce qu'il est en couple avec moi. »

J'avoue que je vois ce phénomène davantage chez les femmes. Mais j'entends de plus en plus d'hommes me livrer pareils témoignages. Regardez autour de vous. Admettez que vous voyez plus souvent de très belles femmes avec des hommes moches que l'inverse. J'ai rarement vu un très bel homme au bras d'une femme quelconque. Pourquoi ? La femme est prête à négocier et à sacrifier son plan A, son type d'homme, celui envers qui elle éprouve une excitation instantanée, pour se sentir aimée en retour et pouvoir se construire une vie. Elle est prête à abaisser sa garde et ses critères de beauté et à les troquer contre la beauté intérieure. Une beauté réparatrice de l'être, bienveillante, une confiance en soi.

C'est un piège d'être en couple avec son plan B ! Parce que vous êtes en position de force ! Vous avez conscience de votre supériorité d'apparence et de *sex-appeal* et vous savez au plus profond de votre être que vous êtes mal assortis. Vous n'êtes pas avec une personne

C'est un piège d'être en couple avec son plan B !

de votre calibre. Toutes les patientes qui s'en sont plaintes en étaient conscientes. Ce n'est pas si clair au début de la relation, mais lorsque le désir disparaît et ne veut plus revenir et que les tentations de tricher émergent, elles admettent toutes fantasmer sur le plan A. Leur âme réparée par le plan B, elles peuvent envisager, la tête haute, de mériter dorénavant une personne digne d'elles.

Le plan B est choisi consciemment pour changer de *modèle* amoureux : « Plus jamais je n'aurai mal. » C'est pour ne plus jamais subir de vampire affectif, manipulateur, narcissique, machiavélique, violent, menteur, passif-agressif. Et pour ne plus jamais entendre de phrases assassines et carabinées, d'irrespect et de grossièretés. « Je ne tolérerai plus jamais personne voulant me contrarier et qui refuse de croire en moi. »

Le plan B peut être un ami, un collègue, un voisin, un ami d'enfance, le cousin d'une amie, son colocataire, l'ami de votre frère, votre confident. Tout ça et bien plus. Mais le plan B est dépourvu du coup de foudre initial, du

> Le plan B est dépourvu du coup de foudre initial, du « coup du cœur », de même que de l'éveil génital stimulateur, instinctif, animal et spontané.

« coup du cœur », de même que de l'éveil génital stimulateur, instinctif, animal et spontané. Rien de cela n'est présent. Vous choisissez le bon gars. L'homme tranquille. Dans mon livre précédent, je parlais de l'homme à la personnalité *puppy* : dépourvu de virilité et de leadership. L'homme de famille fiable et stable.

Avec lui, oubliez le voilier en haute mer. Vous êtes sur un ponton naviguant sur un lac sans vagues. Aucun mouvement. Aucun mal de mer non plus ! Admettez que c'est exactement ce que vous vouliez. Je ne suis pas en train de dire que le plan A est automatiquement toxique. Loin de moi cette idée. Mais la sélection d'un plan B révèle une écorchure et un traumatisme du passé, et est donc un choix rationnel de réparation. L'eau bouillante brûle et terrorise ; vivement l'eau tiède.

Choisir un plan B est hypocrite. C'est une décision cérébrale, biaisée par vos blessures. Vous êtes si loin de votre profit ! En plus, vous le savez ! Votre corps enverra des signes pour le prouver. Vous sentez la pointe de l'iceberg – ennui, profonde déception, chute du désir –, mais dans la partie cachée de l'iceberg se révèle votre choix de partenaire et tout ce qui a déterminé ce choix, vos raisons profondes.

J'entends beaucoup de justifications envers ce choix lors de l'analyse des cas d'infidélité. Le plan B est le ciment de la relation et de la famille. Il est difficile de le quitter. « Il est mon ancre. Je suis devenue la femme que je suis grâce à lui. Je me suis réalisée professionnellement, je suis retournée aux études, il a tout payé. Il est un père formidable. Il donnerait sa vie pour moi. » Ces justifications sont troublantes. Les années de vie commune avec lui sont bien réelles, concrètes et saines. Cependant, la brique est devenue lourde.

La sélection d'un plan B révèle une écorchure et un traumatisme du passé, et est donc un choix rationnel de réparation.

Est-ce un signe de santé sexuelle de demeurer dans une telle relation ? De persister ? De sacrifier vos besoins pour la famille, vos enfants ? Non. Vous n'êtes plus la même. Il se peut que vous soyez fatiguée et que la qualité de votre sommeil s'en ressente. La perte de votre appétit sexuel vous inquiète et crée de l'anxiété. Vous êtes coupable de ne plus rien ressentir pour lui. Comment se fait-il que ce ne soit plus comme au début où c'était un peu plus facile ? La perte de votre désir est-elle le signe d'un amour qui s'envole ? « Ne plus le désirer veut-il dire que je ne l'aime plus ? » Osez vous poser la question. Admettez la réponse...

Le plan B est un prix de consolation. La médaille d'argent, faute de médaille d'or. Faute de mieux. Vous pouvez passer une vie entière ainsi. À ignorer les symptômes. À vivre dans le déni. À répéter que votre partenaire est une très bonne personne. Vous avez une belle vie, certes, mais vous perdez de votre éclat. Où est votre couleur ? Votre saveur ? Votre touche personnelle ? Où est votre désir ?

Voilà toute la notion de la santé sexuelle : savoir ce qu'il vous faut pour désirer et agir en conséquence. Mais – Dieu sait que le « mais » prend tout son sens ici – on a si peur d'être blessé, en amour. On craint le changement. On craint la solitude et l'isolement. On craint de ne pouvoir refaire sa vie et de rester seul à jamais. On s'imagine que les autres sont malveillants, que personne ne sera à notre hauteur. Belle vision des choses qui encourage à changer ! C'est l'état de « maladie », la névrose émotionnelle, qui maintient ce cercle vicieux, qui n'a plus rien de vicieux.

La santé sexuelle se loge dans ce qui est vivant et vibrant. Dans ce que vous devenez, avec vos besoins actuels. Pour la vivre, il faut écouter ses désirs et non ses peurs. Il faut oser bouger et avancer. Il faut oser croire que vous vous ferez une belle vie. Avec votre expérience et votre CV sexuel et relationnel, quels sont vos apprentissages ? Qu'êtes-vous devenu ?

Les dysfonctions sexuelles sont le *check engine* lumineux du véhicule ! Un sérieux avertissement. Une richesse d'informations.

Les dysfonctions sexuelles sont le *check engine* lumineux du véhicule ! Un sérieux avertissement. Une richesse d'informations. La problématique sexuelle hurle tout ce qui est périmé, obsolète et dépassé de vous, de votre relation. La stratégie ne fonctionne plus. Elle est dysfonctionnelle. Qu'est-ce qui ne va pas ? Qu'est-ce qui ne va plus ? Qui ne peut plus continuer ainsi ?

Être en santé sexuelle, c'est savoir reconnaître ce qu'il nous faut pour désirer spontanément. Je ne parle pas ici de l'usure du temps de la relation et de sa routine prévisible. Je vais plus loin : le choix du partenaire est-il encore adéquat et d'actualité ? Il se pourrait que non.

Tellement de patients infidèles, coupables et fort préoccupés souhaitent que cesse leur liaison, car ce serait plus « convenable » d'aimer et de désirer à nouveau le partenaire de la relation principale. Est-ce possible ?

Admettre le choix du plan B et ses conséquences est un premier pas. Poursuivre sa vie avec le plan B est le pas suivant. Selon moi, une des nombreuses fonctions de l'infidélité est de donner un avant-goût du plan A. « Que serait ma vie avec ce genre de personnalité ? Pourquoi ai-je si facilement du désir ? J'en suis donc capable ! Ce n'est pas mort en moi ! Ouf ! Quel soulagement ! »

Oui, le désir peut encore exister, mais il s'exprime avec une autre personne. Le retrouver est fabuleux, mais qu'il soit orienté vers un autre candidat est bouleversant. Être l'élève de sa sexualité exige d'avoir un regard neuf sur soi. Cela demande de la lucidité. Particulièrement quand une panne sexuelle survient. La dysfonction sexuelle est l'éléphant dans la pièce.

Le plan B le sent et le sait. « Si elle ne me désire plus, m'aime-t-elle encore ? » C'est très douloureux de ne pas se sentir désirable aux yeux de l'autre. Et sur ce point, hommes et femmes sont égaux. Être invisible aux yeux de l'autre et subir son indifférence : quelle frustration ! Cela peut rendre malade et vous faire passer du niveau énergétique et émotionnel 5/10 à 3/10[9]. Il est difficile aussi d'en parler. Même si certaines amitiés sont fortes, ce n'est pas tout le monde qui se dévoile à ce point. « Comment aborder ce sujet sans me faire juger ? Sans me faire dire de tout quitter ? Ou encore d'être folle de divorcer et de détruire une famille ? »

Les enjeux sexuels sont préoccupants. Ils vont au-delà de la mécanique génitale. Ils supposent le lien d'attachement, à savoir le choix du partenaire. Posez-vous la question : si je ne le connaissais pas, est-ce que je le choisirais encore ?

---

9.   Voir le chapitre 2.

Chapitre 12

LES *HIGH SCHOOL LOVERS* : CEUX QUI S'AIMENT DEPUIS TOUJOURS

Quelle chance d'avoir rencontré si tôt dans votre vie la bonne personne ! C'est un conte de fées. Une première rencontre qui s'avère être la bonne. Comme c'est fantastique de progresser ensemble et d'évoluer en tant qu'adultes. Vous apprenez à vous connaître sur tous les plans, y compris sexuellement ! Vous vivez de façon simultanée le fait de s'affranchir de sa famille d'origine, de quitter le nid et de démarrer la coupure psychologique. Devenir adulte suppose d'assumer ses responsabilités. Et aussi la possibilité de fonder une famille.

Les années passent. L'année de vos 15 ans est bien loin... Vous avez 35, 40 ou 45 ans et vous êtes toujours ensemble. Comme c'est beau ! Savez-vous ce que font les gens dès qu'ils s'inscrivent sur les réseaux sociaux ? Ils tentent de retrouver leur premier *flirt* ! Les amours d'adolescence ou de jeunes adultes sont déterminantes. Ils s'inscrivent dans nos gènes et marquent la voie du désir, du fantasme, de l'amour ! Mais cheminer au fil du temps avec cette seule personne de votre CV sexuel et relationnel est un défi de taille : le défi du long terme.

Depuis quelques années, je reçois en consultation de plus en plus de partenaires dont l'historique est celui de s'être rencontrés alors qu'ils étaient adolescents, en plein façonnage de maturation identitaire, alors que le fruit n'est pas encore mûr. Comme l'accouchement d'un bébé prématuré, cela comporte des risques. Est-ce que nous évoluerons de la même façon ? J'entends encore ce jeune homme de 23 ans venant de quitter l'amoureuse de ses 14 ans. Neuf années à grandir ensemble, du secondaire à l'université. D'élève à employé. De locataire à propriétaire. De fidèle à infidèle ! J'entends aussi cet homme de 30 ans, toujours avec sa douce moitié. Celle de ses 19 ans, avec qui il a vécu sa première expérience sexuelle. Il avait le fantasme obsédant de cumuler du bagage sexuel, mais sans quitter sa compagne. Selon lui, flirter, désirer, courtiser et éventuellement baiser lui permettrait une deuxième naissance érotique et le retour de sa virilité perdue... Il se sentait coincé et prisonnier de sa monogamie.

La crise d'adolescence, que je me plais à nommer « crise d'identité et crise de personnalité », doit se vivre. Avant l'âge de 25 ans, vivez ! Expérimentez ! Butinez ! Découvrez ! Explorez et apprenez sur vous, sur l'autre. La sexualité se découvre et se déploie par le biais des expériences de la vie et ses nombreuses aventures. Saisissez les occasions. Jouissez ! Une stabilité amoureuse précoce comporte ses risques. Je l'entends toutes les semaines en cabinet.

> ## Se rencontrer à 20 ans et être toujours ensemble à 40 est un défi. Tout change. Vous aussi. Vous n'êtes plus un ado. Vous êtes devenu un adulte.

Tout se vit dans la vingtaine : départ du nid familial, fin de la scolarité, employabilité, responsabilités financières, sexualité, parfois parentalité. Se rencontrer à 20 ans et être toujours ensemble à 40 est un défi. Tout change. Vous aussi. Vous n'êtes plus un ado. Vous êtes devenu un adulte.

Dans la trentaine, les enjeux sont ceux de la conciliation travail-famille. Le défi est de conjuguer ambition professionnelle, conjugalité et identité parentale. Projet personnel contre projet familial. On met les bouchées doubles. L'énergie y est entièrement consacrée. Tant pis pour l'intimité, faute de temps. Changements de priorité. Tout se bouscule. Vous êtes à l'état énergétique du 5/10. Entre le fantasme de la parentalité et sa réalité : deux mondes ! On se sent essoufflé et accablé, et pourtant on est encore jeune...

La quarantaine représente l'heure des choix. Il est venu le temps de se choisir. L'expérience de vie solidifie notre croissance personnelle. Vous êtes plus conscient. D'autant plus s'il y a eu rupture dans la vingtaine, rencontre dans la trentaine, autre rupture et rencontre à nouveau. Cette balade amoureuse précise vos désirs et volontés. Vous saisissez la direction à donner à votre vie.

Est-ce possible de le faire avec la même personne, de 16 ans à 40 ans ? J'en doute. Les témoignages cliniques le prouvent. Le défi du long terme existe sur le plan de la conjugalité (rester intéressant et s'amuser au terrain de jeu), de l'érotisme (progression sexuelle par l'atteinte d'une maturité érotique) et du cognitivisme (stimulation intellectuelle, échanges pertinents, croyances et valeurs similaires).

Parfois, le plan change. Nos connaissances s'élargissent et s'enrichissent, au même titre que notre savoir, nos aptitudes, nos habiletés et nos compétences. Notre espérance de vie ne cesse de progresser. Selon cette donnée, nous aurons probablement trois carrières et métiers différents au cours de notre vie, et possiblement trois amours... Qu'en dites-vous ?

J'admire ces couples qui sont ensemble depuis trente, quarante ou même cinquante ans. Ce sont maintenant de beaux modèles d'exceptions. Tout le contraire de ceux que je perçois de manière inquiétante quand ils quittent à la moindre altercation leur travail ou leur relation amoureuse. Entre s'acharner à tenir bon et lâcher prise faute d'investissement, l'engagement doit être au cœur d'une relation. Nous avons vu au chapitre 9 qu'il est l'un des trois éléments de l'amour : c'est la volonté de s'engager librement afin d'établir des projets avec l'autre, et cela, dans une exclusivité non contraignante.

J'entends encore cette femme me raconter avec nostalgie les *partys* du temps de leur adolescence, avec son mari, entourés de leurs nombreux amis, à faire usage de drogues. Plaisir, euphorie et débauche partagés. Son conjoint poursuit le même mode de vie. Elle, maintenant mère de deux jeunes enfants, a vu sa vie changer, au même titre que ses responsabilités et priorités. Elle n'a plus de temps pour faire la fête, fuir et s'étourdir en consommant. Elle doit se lever tôt le lendemain matin et être en forme pour ses enfants. Elle est consciente qu'elle s'obstine à vivre une relation amoureuse avec un « adulescent » : un adulte encore ado ! Irresponsable, égocentrique et dépendant de substances enivrantes.

Pour vous aider à reprendre un certain contrôle sur les événements, il faut examiner votre couple selon les deux aspects suivants : la situation réelle et le potentiel de la relation.

« Mais on s'aime depuis toujours, je n'ai connu que lui dans ma vie... » Il existe mieux, mais elle l'ignore ! Sa vie conjugale comporte une dynamique toxique et malsaine. Seule à deux. Rester ensemble au nom de quoi ? Des enfants ? C'est une excellente raison. Mais quand surgissent les symptômes du 3/10 et que le 2/10 nous guette, à quel point les antidépresseurs changeront-ils quelque chose ? Grâce à la médication, elle aura le mirage d'un certain bonheur. Cela calmera ses préoccupations et ses tourments. Mais sans les anéantir. C'est le pansement sur l'hémorragie. Pourtant, la question redoutée doit venir : « Est-il venu le temps de partir ? »

N'avoir pour justification que les années passées à deux entrave le changement. C'est une vision démodée. Comme vous n'avez jamais vécu de rupture, je comprends que cet ultime changement soit stressant. Vous avez plusieurs ingrédients du stress : l'impression de ne plus être en maîtrise de la situation (que m'arrivera-t-il ?), l'imprévisibilité (où vais-je rencontrer, et qui ?), l'effet de la nouveauté (moi sur le marché des célibataires, dans cette jungle ?), en plus d'avoir un ego menacé (qui va m'aimer ?).

Pour vous aider à reprendre un certain contrôle sur les événements, il faut examiner votre couple selon les deux aspects suivants : la situation réelle et le potentiel de la relation.

L'erreur faite par la majorité des gens est de ne parler que du potentiel du couple. Selon moi, c'est un aveuglement volontaire sur la situation réelle. Êtes-vous heureux ? Épanoui ? Satisfait ? Vous sentez-vous libre d'exprimer vos besoins et limites ? Est-ce que les chicanes sont résolues et conclues ? En tirez-vous une leçon ? Un apprentissage ? Avez-vous des projets inspirants et stimulants à moyen et à long terme ? Avez-vous du temps de qualité à deux ? Prenez-vous plaisir à vous redécouvrir ? Vous dites-vous « Une chance qu'on s'a » ?

> ## Ayez en tête qu'à chaque « oui, mais... » dans vos phrases vous n'évoquez que le potentiel : « Oui, mais je l'aime. »

Ayez en tête qu'à chaque « oui, mais... » dans vos phrases vous n'évoquez que le potentiel : « Oui, mais je l'aime. » « Oui, mais je ne connais qu'elle. » « Oui, mais c'est la mère de mes enfants. » « Oui, mais nous sommes mariés. » « Oui, mais tout allait si bien avant. » Il y a un vrai potentiel à votre relation. Vous n'avez pas rêvé vos années de vie commune, vous les avez vécues. Alors, demandez-vous : où en êtes-vous maintenant ? À quoi tient votre relation ? Êtes-vous la seule personne à écoper dans ce bateau en train de couler ?

CHAPITRE 13

EST-CE QUE LE SEXE CRÉE UN AVEUGLEMENT VOLONTAIRE ?

Depuis les premières pages de ce livre, je vous mentionne souvent la thématique de l'essoufflement personnel et conjugal en démontrant le lien entre cet essoufflement et la chute du désir. Le désir... Ce moteur puissant, ce mouvement vers l'autre, tout ce qui dynamise votre couple, votre être, votre identité, votre imaginaire. Si précieux, si fragile que, lorsqu'il s'absente, le lien d'attachement s'effrite. À l'inverse, il se pourrait que vous soyez si absorbé par votre chimie érotique que cette passion aveugle votre conjugalité. Étrange, n'est-ce pas ? Pas tant que ça !

Plusieurs hommes se plaignent de leur couple et se demandent : « Pourquoi je continue ? Pourquoi je reste encore ? » L'un d'eux m'a déjà dit que son fils de 19 ans l'avait sommé d'arrêter de voir sa compagne : « Papa, c'est une folle ! » C'est vous dire à quel point le sexe rend dingue, tout comme l'attirance physique. L'illusion de la perfection. Un plan A+! Ce fils constatait les montagnes russes. L'absurdité de la situation. Les hauts et souvent les bas.

Ces hommes décrivent leur partenaire comme intense, compliquée, mystérieuse, colérique, méfiante, pointilleuse et négative... Mais le sexe est fantastique ! Ils ont conscience de la toxicité et du degré élevé d'insatisfaction relationnelle et ils éprouvent des frustrations affectives. Ils n'ont aucune valorisation. Cependant, la baise vaut le détour. La passion efface-t-elle tout ? Est-ce une dépendance affective ? Une dépendance, point ? La dépendance suppose en effet de refaire la même chose, sachant que c'est malsain (jeu, drogue, alcool, sexe), sans avoir le contrôle.

Lorsque l'autre fait sortir le pire de vous – vos insécurités, vos doutes, votre jalousie, votre méfiance, vos angoisses et votre colère –, c'est un signal d'alarme ! L'autre agit volontairement en vous déstabilisant. S'ensuit une usure psychologique. Vous avez des attentes et vous êtes déçu, impuissant et souffrant. Pourquoi le sexe efface-t-il tout ? Faut-il que ce soit ainsi ? L'horreur subsiste malgré l'orgasme !

Quelle est la motivation réelle à tant vouloir revenir ensemble ?

« Qu'est-ce qu'il me faut ? Qu'est-ce que je veux ? » Si vous envisagez la rupture, stoppez la mémoire sélective. Arrêtez de vous remémorer les meilleurs moments en omettant consciemment les pires ! Je vois beaucoup de relations « yo-yo » dans cette dynamique. On se laisse et on reprend. Encore et encore. Ces cycles de ruptures et de reprises sont du pelletage vers l'avant. Quelle est la motivation réelle à tant vouloir revenir ensemble ?

L'absence de deuil, de distance et de réflexion entre les cycles joue de vilains tours. Le risque de faire « comme avant » est grand. Le défi sera donc de faire autrement. Qu'a-t-on compris de la rupture ? Quelles en étaient les raisons ? Est-on encore fragile, rempli de ressentiment et d'amertume ?

Être en santé sexuelle implique une lucidité qui permet de voir précisément où nous en sommes dans la vie. Il faut ressentir au plus profond de soi que nous sommes avec la bonne personne et que le désir peut revenir afin d'affirmer, sans l'ombre d'un doute, que nous choisissons à nouveau cet être fabuleux. Cette personne doit encore agir pour nous comme un tremplin et un catalyseur et nous permettre d'évoluer, de bouger, de changer, de nous moderniser. C'est une évidence.

Vous êtes heureux. Ça se voit. Vous êtes amoureux. Ça se voit aussi ! Vous êtes démonstratif. Vous savez vous réserver du temps de qualité et vous savez que c'est précieux. Vous soutenez l'autre. Vous l'écoutez sans être toujours en accord avec lui, mais vous concluez vos chicanes avec humilité et compassion. Vous pouvez rebondir. Vous êtes en mesure de vous tendre la main. Vous êtes présent pour l'autre.

L'état inverse est de tenir bon dans une situation vide de sens qui gruge votre énergie et qui vous hante, car vous savez à quel point elle est néfaste. Vos symptômes témoignent de la toxicité de cette liaison. Vos insomnies vous affligent et minent votre humeur. Vous n'avez plus cette étincelle. Votre lumière s'éteint. Vos amis ne vous reconnaissent plus. Vous ne riez plus. Vous ne rebondissez plus. Vous êtes devenu passif ou réactif. Vous attendez que le hasard fasse son œuvre et vous délivre enfin. Ou encore que l'autre décide pour vous de l'avenir de la relation. Vous sentez que tout cela est pathétique. Pourquoi en êtes-vous arrivé là ? Une réflexion s'impose.

CHAPITRE 14

VIVE LES CHICANES !

La complexité de la communication au sein des couples est fort préoccupante. « On ne se comprend pas. » « Elle voudrait que je la devine. » « Pourquoi a-t-elle toujours une intention cachée ? Je veux qu'elle me parle franchement ! » Étonnamment, nous sommes dans une société dotée de multiples moyens de communication, mais nous n'avons jamais été aussi mal outillés pour nous parler. Il est facile de jaser en surface, de tout et de rien, par l'entremise des réseaux sociaux, mais dévoiler nos tourments et nos peines est plus laborieux. Les enjeux ne sont pas les mêmes.

Est-ce que les choses vont changer si j'ose parler ?

Serai-je entendu et compris ? Est-ce que les choses vont changer si j'ose parler ? Jeune, avais-je un droit de parole ? Pourquoi est-ce que j'enregistre et archive mes chagrins et mes angoisses, au lieu de les divulguer au fur et à mesure ? Ai-je dû payer le prix de mes dévoilements lorsque j'étais enfant ou adolescent ? S'exprimer, ça s'apprend. Je vous encourage à regarder votre parcours et votre patrimoine afin d'avoir une vision plus claire de vos capacités actuelles.

Être en relation s'apprend lorsque nous sommes en couple. Nous devons nous parler pour être entendus. Nos parents nous ont élevé depuis notre naissance, mais avec le partenaire de vie, nous poursuivons notre évolution et notre développement avec un élément en plus : l'intimité. Un aspect qui ajoute à la complexité ! Tout ce que être intime à l'autre ou à soi demande, c'est de s'abandonner, de lâcher prise, de faire confiance, de croire en l'autre, d'avoir l'audace d'être authentique, d'être présent à son corps, de ressentir et de s'embrasser comme on s'aime ! Quel contrat ! Ne croyez pas que ça se fera tout seul, comme par enchantement. Ça s'apprend !

Si l'autre est maladroit au lit, lui dites-vous ? S'il embrasse mal, le corrigez-vous ? Elle n'a pas la bonne technique pour les caresses buccales et génitales, les lui enseignez-vous ? Il manque carrément de virilité, d'assurance et de confiance au lit, vous plaignez-vous ? Elle n'a jamais été entreprenante, encore moins surprenante, l'encouragerez-vous pour qu'elle le devienne ? Vous aimeriez tant réaliser un fantasme, le lui dites-vous ? Pas si simple que ça en a l'air, n'est-ce pas ? Être en santé sexuelle, c'est aussi cette capacité à se connaître ici et maintenant, et surtout à faire savoir à l'autre les changements nécessaires.

> **Si l'autre est maladroit au lit, lui dites-vous ? S'il embrasse mal, le corrigez-vous ?**

Si on demeure dans cet état de maladie, on attend passivement que les choses se tassent, qu'un miracle se produise. Espérer et souffrir... Inefficace !

La santé sexuelle permet aussi de percevoir positivement une altercation pour tous ses bienfaits. Vive les chicanes ! Avoir des disputes aide à prolonger la lune de miel. Au début d'une relation, nous sommes investis et dévoués l'un envers l'autre. Chacun s'idéalise. Nous avons l'espoir d'une longévité. Nous sommes en fusion, protégés contre tous. Notre équilibre est préservé, et comme nous voulons sécuriser et protéger notre relation, nous évitons les désagréments, les regrets et les déceptions. Au prix de sacrifices personnels de nos propres besoins. La recherche de l'harmonie absolue, l'évitement de toute forme de conflit ne peuvent durer éternellement. Après quelques mois, même les partenaires les plus compatibles voient leurs différences refaire surface. Ce sont des « décrochages », des « débranchements » et des « coupures de lien ». Nous réalisons que le couple coûte davantage qu'il n'apporte. La phase « lune de miel » est terminée.

Les nouveaux couples veulent générer du positif. Ils évitent les désaccords et les conflits, préservant une image idyllique de l'autre. Cela donne un faux sentiment de sécurité. Ils passent sous silence les incompatibilités et omettent les problèmes évidents. Faute d'avoir évacué les désaccords au fur et à mesure, ils n'ont pas appris à gérer les conflits. Ils n'ont pas acquis les apprentissages nécessaires à la phase suivant la lune de miel, celle où les divergences inhérentes et flagrantes ressurgiront. Certains de ces nouveaux couples désillusionnés prématurément et désenchantés commettent l'erreur de rompre à ce stade, au lieu de développer l'assurance, la curiosité, le désir, la certitude et la volonté de connaître l'émotivité et la vulnérabilité de l'autre. Reconnaître ces différences tôt dans la relation rend le couple plus fort et durable lorsque l'étape de la passion-idéalisation s'estompera.

> **Les nouveaux couples veulent générer du positif. Ils évitent les désaccords et les conflits, préservant une image idyllique de l'autre. Cela donne un faux sentiment de sécurité.**

Outre l'expression des désaccords pour stimuler la dynamique conjugale au lieu de faire de l'évitement, il existe une autre stratégie fort utile. Les recherches en thérapie conjugale démontrent qu'il faut un ratio de trois ou quatre réactions positives contre une négative. Ainsi, vous vous donnez le droit d'exprimer vos insatisfactions, sans faire abstraction des éléments positifs. Être en couple signifie vivre avec la différence.

Elle est inévitable et engendre des conflits... inévitables ! Le respect mutuel des différences dès le début assure le maintien de la relation excitante.

Les conflits, les disputes et les désaccords supposent que les partenaires activent leur concentration et visent un but commun. Cela rehausse leur motivation à se réinvestir dans « ce que je suis, ce que nous sommes l'un pour l'autre » et permet de définir leur propre identité, leurs idées, leurs conceptions et leur personnalité.

Voici dix questions qui vous aideront à poursuivre votre réflexion. Répondez-y seul, puis échangez vos réponses.

1. Quand vous sentez que les choses risquent de s'envenimer, évitez-vous le sujet ou en parlez-vous pour savoir ce qui se passe ?
2. Si votre conjoint est en désaccord, blessé ou en colère contre vous, que faites-vous habituellement ?
3. Si tout va bien dans votre relation, si vous n'avez jamais de disputes, chercherez-vous à saboter ce confort ou à maintenir les choses telles qu'elles sont ?
4. En cas de désaccord ou de conflit, cherchez-vous à trouver la solution rapidement ou utilisez-vous ce conflit pour aller au fond des choses ?
5. Préférez-vous une relation où vous ignorez vos différences ?
6. Les différences sont-elles bien accueillies dans votre couple et vous font-elles vous connaître davantage ?
7. Trouvez-vous que vos réconciliations vous aident à mieux vous connaître et vous permettent de développer des habiletés ?
8. Votre relation avec votre ex s'est-elle terminée parce que vous n'aviez rien à vous dire ?
9. Après une querelle, en ressortez-vous avec une meilleure compréhension de vos besoins mutuels ?
10. Pouvez-vous accepter vos divergences de points de vue et les utiliser pour vous investir davantage ?

Ne soyez pas surpris si l'un de vous penche plus vers la zone que j'appelle « confort-conciliation-sécurité ». Se challenger l'un et l'autre au sein du couple est dynamique, évolutif et constructif. Le but est de montrer les bénéfices qu'il y a à entendre un autre point de vue. Les disputes sont un mal nécessaire. Elles permettent d'évacuer colères et ressentiments. Retenez que ce qui vous a attiré vers l'autre sera votre premier irritant. On ne s'engueule pas avec une personne qu'on ne voit pas. Il est normal que la personne aimée soit celle qui nous énerve le plus. On connaît tous ses travers et, en plus, on les subit quotidiennement !

Souvent, en pleine engueulade, on se lance des phrases assassines. On connaît le talon d'Achille de l'autre et on choisit des mots qui le blessent. « Je comprends ton ex d'être partie ! » Ces paroles laissent parfois des blessures profondes qui subsistent même après la dispute. J'illustre ce phénomène par de l'argent. Je demande à mes patients de choisir entre un billet de 100 dollars et une poignée de petite monnaie. Lequel possède la plus haute valeur ? Sans hésiter, ils répondent : « Le billet de 100 dollars ! » Alors, pourquoi se parler avec de la petite monnaie ? Lorsqu'ils se disent des paroles blessantes, ils se lancent de la monnaie en pleine figure. Ils se disent des choses de peu de valeur, offensantes. Vos mots sont abrasifs. Sacrer, accuser, critiquer, s'emporter, s'impatienter en lançant des pointes sarcastiques et des propos méprisants et condescendants, ça fait du mal. Surtout dans des lieux « délicats » pour une dispute : au lit au moment de s'endormir, le matin tout juste avant le départ pour le bureau, dans la voiture durant le trajet, lors d'un souper entre amis, ou encore au restaurant où on se chuchote nos frustrations ! Laver votre linge sale en public ne le rendra pas plus propre !

> ## Laver votre linge sale en public ne le rendra pas plus propre !

Des propos équivalents à un billet de 100 dollars sont dignes de votre besoin et de votre ressenti. Par exemple : « J'essaie de te pardonner ton infidélité et d'avancer, mais j'ai tellement de difficulté. Je réalise que je t'en veux encore. Je suis extrêmement blessé et j'essaie de te le faire savoir par mes propos. Je réalise que je t'aime, mais que j'ai de la difficulté à te faire confiance. Alors, je cherche la chicane pour te mettre à distance. Mais ça ne fait pas du mal qu'à toi : à moi aussi. » S'exprimer ainsi est plus laborieux et exige un effort. Admettez que c'est plus payant ! Sinon, à force de se lancer de la petite monnaie, c'est ce que l'on devient. On se sent de faible valeur. Le billet de 100 dollars illustre à merveille le désir de la réconciliation. C'est s'excuser, admettre humblement ses torts, écouter l'avis de l'autre et sa position, respecter sa sensibilité et énoncer la marche à suivre si pareille situation se reproduit. Se dire « Je ne cherche pas à avoir raison » et « Il est inutile d'être d'accord sur tout » est une véritable ouverture du cœur. C'est la satisfaction d'avoir été entendu, considéré, compris, reconnu et apprécié !

J'aime ce titre du livre de Marshall B. Rosenberg : *Les mots sont des fenêtres (ou des murs)*. Nos paroles ouvrent ou ferment notre cœur. Trouvez votre équilibre entre les interactions positives et négatives. Concentrez-vous sur l'expérience de trouver l'harmonie au sein de la dispute. N'évitez pas les conflits. Au contraire, ils aident à mieux se connaître. Les désaccords font partie de la vie. Une dispute, c'est désagréable et inquiétant, mais une réconciliation, c'est apaisant et porteur d'espoir.

Construisez votre aptitude à la résolution de conflits. Se disputer permet de mieux s'aimer et de se souvenir que nous avons des différences par rapport à l'autre.

Les accrochages correspondent à une communication aussi saine qu'imparfaite. Les disputes permettent d'exprimer des émotions, de s'affirmer et mènent au déblocage de situations difficiles. Ne pas se disputer, c'est faire l'autruche, faire semblant, faire comme si, être deux faux gentils. Dysfonction sexuelle en vue !

> **Se disputer permet de mieux s'aimer et de se souvenir que nous avons des différences par rapport à l'autre.**

Pour limiter les querelles, je vous propose d'utiliser un truc facile et connu : se tourner la langue sept fois dans la bouche avant de parler, prendre le temps de réfléchir. Si vous êtes très en colère, tournez votre langue cent fois, le temps de décanter. Et en tout temps, posez-vous cette question : « Est-ce que ce que je vais dire va aider ou nuire ? »

D'ailleurs, le romancier Bernard Werber l'affirme mieux que moi : « Entre ce que je pense, ce que je veux dire, ce que je crois dire, ce que je dis, ce que vous avez envie d'entendre, ce que vous entendez, ce que vous comprenez, il y a dix possibilités qu'on ait de la difficulté à communiquer. Mais essayons quand même[10]. »

Qu'il est génial de pouvoir enfin se comprendre à la suite d'une dispute ! On y gagne sur deux fronts : une autre vision des choses et la capacité de saisir la sensibilité de l'autre. Qu'il est délicieux de s'enlacer et de retrouver une certaine tendresse ! Cela signifie : « Je suis là, nous sommes ensemble, le couple est vivant et je t'aime. »

---

10. Bernard Werber, *Encyclopédie du savoir relatif et absolu*, Paris, Albin Michel, 1993.

Pour certains, il existe une autre manière de le dire, et ça passe par le corps : *make up sex*. La réconciliation sexuelle postdispute est appréciée pour son intensité agressive. Mais l'utiliser à toutes les sauces et sans fondements est inutile et dommageable. La colère résiduelle serait-elle l'ingrédient qui ajoute du piquant ? À mon avis, le sexe n'apaise que les petites tempêtes. Il ne rassure pas les couples aux prises avec des tourments profonds et fondamentaux.

> La réconciliation sexuelle postdispute est appréciée pour son intensité agressive. Mais l'utiliser à toutes les sauces et sans fondements est inutile et dommageable.

La ligne est parfois mince entre la colère et l'excitation. L'excitation est composée de deux ingrédients : l'hostilité et la fascination. Ces enjeux seront abordés plus en détail au chapitre 17 : « Faites-vous toujours l'amour pour les bonnes raisons ? » Oui, les frustrations de toutes sortes doivent être évacuées quelquefois, telle une décharge de tension. S'embrasser avec ardeur et pénétrer avec vigueur démontre qui est le patron au lit. Ce que vous êtes habillé se traduit à l'horizontale. Si vous n'êtes pas allé au bout de votre idée, votre corps en gardera les tensions et les irritants. Une partie pourrait être évacuée au lit lors de vos ébats, mais le corps pourrait se raidir par réflexe, comme s'il disait à votre place : « Ne me touche pas, je suis encore fâché ! »

Plusieurs convertissent l'énergie ambiante lors d'une chicane en pulsion érotique. Dans une relation saine, mature et équilibrée, la sexualité n'est pas mise de côté chaque fois qu'une altercation arrive, car on sait se parler. Il ne reste ni rancune, ni blessure, ni ressentiment. Le cœur est libéré de ses misères, l'âme est comprise. La sexualité est pure intimité. Débattre lors d'une discussion musclée peut nous mettre sur la défensive. On n'a aucune envie de fournir la clé pour ouvrir la serrure. Certains disent en consultation craindre de baisser les armes en semblant offrir un pardon rapide. Comme si avoir une activité sexuelle pouvait affaiblir leurs défenses. Le sexe a ce pouvoir de nous exposer à notre vulnérabilité et d'adoucir nos humeurs. Il est surtout excellent pour notre santé[11]. Mais même s'il est vrai que la passion résultant d'une dispute est profitable à votre excitation, ne l'utilisez pas pour fuir vos problèmes ou demeurer en colère. Je vous somme d'être le plus honnête, ouvert et affirmé possible au sein de votre relation. Lorsqu'un couple gère ses conflits, conclut ses débats par une compréhension mutuelle et aboutit à un terrain d'entente, la sexualité peut à ce moment se vivre.

La sexualité ne doit jamais être vécue sous la contrainte, ni forcée, non désirée et non consentie. Il est impératif que le désir et les besoins de chacun soient respectés. La sexualité ne devrait jamais être utilisée comme unique source de résolution des conflits. Le couple doit s'attarder aux déclencheurs du problème et aux *modèles* qui se répètent. Il est très malsain que la sexualité soit systématiquement utilisée pour résoudre un *modèle de conflit*, parce qu'elle devient un modèle ! La sexualité ne doit jamais être utilisée pour contrôler ou manipuler l'autre sur ce qu'il doit ou ne doit pas faire. Surtout quand la divergence d'opinions est le point de départ.

> **Lorsqu'un couple gère ses conflits, conclut ses débats par une compréhension mutuelle et aboutit à un terrain d'entente, la sexualité peut à ce moment se vivre.**

---

11. Voir le chapitre 1.

CHAPITRE 15

FAITES-VOUS VOTRE DEVOIR CONJUGAL ?

Le devoir conjugal est-il une notion encore d'actualité ? Faire son devoir conjugal signifie subir sa sexualité et acheter la paix. Cette forme de conciliation peut porter atteinte à la dignité. Il s'agit d'un consentement mitigé, rendu possible par le mutisme. Ce principe encore actuel et moderne touche principalement les femmes, particulièrement la femme passive qui n'a plus de désir. Elle subit, endure et souffre en silence, en acceptant à l'occasion de fournir à son conjoint un droit de passage. Elle offre du sexe « par pitié » pour se déculpabiliser ou par crainte que l'autre la quitte. Une décision de tête et non de cœur, quoi.

En agissant de la sorte, la femme se sait pathétique et anachronique ! Personne ne veut se rendre là. Nous sommes à une époque où tout se revendique. Nous avons des droits, et surtout un droit de parole. Un droit de plaider sa cause et de se choisir un partenaire de vie approprié. L'avantage de la modernité est que nous pouvons quitter une relation toxique, violente et malsaine, ce à quoi les femmes d'un autre temps n'avaient pas droit. Au nom du mariage, elles subissaient toute leur vie un partenaire inadéquat, coincées dans une dynamique conjugale et familiale malsaine. Elles faisaient un sacrifice de leur vie et tentaient de s'en accommoder.

De nos jours, quelles pourraient être les raisons pour subir le même supplice ? Le viol conjugal est vécu par les femmes pour prévenir la rupture, éviter de devoir refaire sa vie, empêcher de briser la famille, et aussi pour éviter de vivre seule. Elles font le choix conscient d'endurer une sexualité dont elles n'ont pas envie, sans désir. Elles vont même jusqu'à ne pas s'admettre :

- que la fin de la relation est arrivée ;
- qu'elles n'aiment plus ;
- qu'elles ont choisi un plan B ;
- que ce *high school love* ne tient plus la route ;
- qu'elles sont au plus mal et au plus bas de leur moral et de leur énergie ;
- qu'elles ont peur et devraient tenter d'y faire face.

Faire l'autruche et attendre que ça passe, est-ce un état de santé sexuelle ? Évidemment que non !

> Personne n'a le sentiment de faire l'amour. Il s'agit plutôt de se masturber l'un dans l'autre.

Il est question ici de femmes scolarisées, éduquées, ayant un emploi enviable, parfois dans un poste de direction, mères de famille, possédant un bon réseau social et en santé financière. Je ne parle pas de femmes démunies, traumatisées et écorchées par la vie. La plupart ont une belle vie et une sécurité que beaucoup pourraient envier.

Vu de l'extérieur, leur couple paraît très bien. Rien ne cloche. De l'intérieur, c'est autre chose. Ce couple n'en est pas un. Le constat se fait par leurs relations sexuelles fades et insipides. Personne n'a le sentiment de faire l'amour. Il s'agit plutôt de se masturber l'un dans l'autre. Vous me direz sûrement : « Et le conjoint ? Ne s'aperçoit-il pas de cette manœuvre ? » Mais si. Il accepte de jouer le jeu, faute de mieux. C'est une aberration ! C'est un état à 5/10 mutuel. On est tellement fatigué !

On n'a plus envie de faire un effort ni d'user d'imagination : allons donc au plus simple de façon mécanique, épidermique. Sans couleur, sans saveur, avec un minimum de motivation. Comme les services essentiels en cas de grève. Juste la base. Le soulagement n'est que de courte durée, car l'état d'insatisfaction perdure. Il y a qu'un frottement en surface, sans qualité de présence, sans abandon. Comme se brosser les dents : ça n'excite personne !

Certains hommes craignent d'horripiler leur conjointe par le sexe. Ils ne sont pas des agresseurs ni des harceleurs sexuels. Leur position est inconfortable. Ils ne cherchent que des réponses. Ils sont même prêts à emmener leur femme en thérapie. Est-elle motivée à changer et à améliorer les choses ? J'en doute. Si l'amour n'y est plus et que le lien d'attachement s'est effrité, ce n'est pas qu'une question de désir. À ce stade, certaines m'avouent, lors de séances individuelles, désirer et fantasmer par ailleurs. D'autres sont infidèles. Elles ne se sentent en santé sexuelle qu'à l'extérieur de leur relation et auprès d'un autre type d'homme. Il y a aussi celles qui sont aux prises avec des états dépressifs et un épuisement complet. Leur mode de vie

Qu'est-ce qui vous a fait le choisir ? Et vous le fait choisir encore ?

est remis en question. La situation a dégénéré. La panne de désir est généralisée. « Je n'ai pas envie de toi ni de personne d'autre. Je n'ai plus le goût de rien. »

Il y a aussi celles qui souhaitent rebondir, car leur situation conjugale a du potentiel. « Je suis avec mon meilleur ami. Il est un excellent père. Tout le monde l'aime. Il est si généreux. Il veut tant pour moi. Je sais qu'il souffre, car son désir est toujours là. Pourquoi je vis ça ? » Elles n'ont pas à me convaincre. Elles ne sont pas au tribunal, assises au banc des accusées. Je veux une réponse de cœur. Honnête et sincère. Alors, je reviens vers elles sur le choix du partenaire, car le désir ponctue le sentiment amoureux. À mon avis, il faut revenir au lien initial. Pourquoi vous êtes-vous choisis ? Qu'est-ce qui vous a plu chez l'autre ? Qu'est-ce qui vous a fait le choisir ? Et vous le fait choisir encore ? Peut-on traduire cet élan par le physique ? Est-ce que le désir peut faire état de l'intention ? La seule façon de cesser de subir sa sexualité est d'agir. Pourquoi vouloir de l'intimité ? Dans quel but ? Et avec qui ?

CHAPITRE 16

AU LIT, ON NE SE MENT PAS !

Le désir sexuel en baisse est un symptôme percutant et signi-ficatif. Annonce-t-il un glissement vers le devoir conjugal ? Madame, avez-vous du mal à lubrifier ? Faites-vous systéma-tiquement des infections vaginales ou urinaires à la suite d'un rapport sexuel ? Êtes-vous atteinte du virus de l'herpès et vivez-vous des rechutes fréquentes ? Souffrez-vous de dysménorrhées (menstruations douloureuses) ? Faites-vous de l'endométriose ? Avez-vous des hémorroïdes dou-loureuses ou saignantes ? Souffrez-vous à la pénétration : sensation de brûlure, picotement, élancement ? Ces symp-tômes sont-ils connus ou étrangement attribuables à votre situation ?

Monsieur, votre pénis peut aussi vous trahir ! Lorsqu'il y a des briques dessus, il lui est impossible d'at-

La dysfonction érectile est aussi un symptôme révélateur.

teindre sa pleine tumescence. Il lui faut des plumes. Vivez-vous trop de laboratoire et pas assez d'espace de terrain de jeu ? La dysfonction érectile est aussi un symptôme révélateur. Elle révèle qu'il faut vivre autre chose. Vous ne semblez plus dési-rable aux yeux de votre femme ? Plus aucun mot gentil à votre égard ? Votre humour n'a plus aucun effet ? Elle ne semble plus vous aimer ? Vous soupçonnez une liaison ? Difficile de bander lorsqu'on a de telles préoccupations.

La dysfonction sexuelle peut illustrer un conflit non résolu et du ressentiment. Rien de pire que d'en vouloir à l'autre. Debout et habillé, vous pouvez faire semblant. Couché et déshabillé ? Impossible. On ne peut pas se mentir. Notre corps est sous tension, se crispe et se raidit. Aucune excitation n'est possible, zéro lubrification ni érection. Comme un réflexe instantané et involontaire, le message est clair. NON ! ÇA SUFFIT !

> La dysfonction sexuelle peut illustrer un conflit non résolu et du ressentiment.

Une lassitude peut également s'immiscer dans votre lit. Si l'un de vous est maladroit, inexpérimenté, trop intense, brusque, axé uniquement sur la génitalité, aucunement affectueux et offrant peu de variété, n'importe qui se sentirait abattu et découragé ! La résultante est prévisible, ça se nomme « devoir conjugal ». Et le temps passe...

De nombreuses femmes se plaignent de l'éjaculation trop rapide de leur conjoint. « Après l'éjaculation, tout est terminé. Et mon orgasme, lui ? Je n'ai pas le temps de l'avoir, il ne fait rien pour le créer. » C'est décourageant. Frustrant. En plus, rien n'est dit. Être en santé sexuelle, c'est chercher des solutions en vue d'une meilleure satisfaction. C'est vouloir se faire une belle vie. C'est exiger ce que vous pouvez offrir ! Et surtout : le dire !

Certains hommes se désolent du tiers impliqué lors des ébats, d'un accessoire érotique devenu indispensable. « Elle ne jouit pas sans lui. » L'orgasme est vécu individuellement. Je ne dis pas qu'il faille jouir simultanément, mais autant que possible ensemble, par le plaisir partagé procuré par la relation sexuelle. C'est pourquoi d'ailleurs ça se nomme « relation » sexuelle. Ce n'est pas un monologue ou une conférence. Il n'y a pas de spectateur et un acteur seul sur scène. C'est une pièce qui se joue à deux. La solitude donne une tournure problématique : « Il jouit seul et me laisse seule. » « Elle jouit seule et me laisse en plan. » Ou encore : « Chaque fois, il perd son érection. Je me sens frustrée, dépourvue et seule. Je me sers de mon vibrateur, car j'aime la sensation de la pénétration et je tiens à l'obtenir. »

Maladresses, préoccupations, ennuis : TOUT parle. La dysfonction sexuelle est la lumière inquiétante qui s'allume sur le tableau de bord du véhicule. Elle vous envoie un message sur vos intentions et aspirations. Sur vos réels désirs. Nu devant l'autre, le corps ne peut nous trahir. Son réflexe émet une alerte. Comment vous sentez-vous à 8/10 ? Comment êtes-vous, sexuellement, avec cette note ? Vous êtes pleinement capable de ressentir, de désirer, de vous exciter et de jouir. Votre corps vibre et invite aux caresses, il les souhaite. Et maintenant, que se passe-t-il ? Où êtes-vous rendu ? À vous mentir ? À vous faire croire que

> **Votre sexualité vous trahit. Grâce à elle, vous obtenez vos réponses.**

tout va bien ? Votre sexualité vous trahit. Grâce à elle, vous obtenez vos réponses.

La pire des supercheries est de feindre l'orgasme. De nombreuses femmes sont malheureuses au lit. Encore plus pitoyable ? Elles ne font rien pour changer les choses. Ou, plus regrettable, elles s'obstinent à ne rien faire, et certaines font semblant. Selon le *Journal of Sex Research* et l'American Psychological Association, une femme sur sept feint l'orgasme à l'occasion[12]. La principale raison alléguée est celle ne pas blesser son partenaire, ne pas heurter son orgueil et son ego de mâle : « Je ne veux pas le froisser, il le prendrait si mal... Je ne veux pas lui dire qu'il est maladroit. »

D'autres motifs sont invoqués pour se dédouaner : s'ennuyer dans une position jugée banale, avoir des douleurs lors

---

12. http://fr.chatelaine.com/sante/orgasme-ferions-nous-semblant/

de certaines manœuvres, se sentir épuisée, avoir bu trop d'alcool, se sentir grosse, etc. Certaines femmes sont si convaincues de leur anorgasmie ou que ça nécessitera un temps fou pour ressentir quelque chose qu'elles se disent : « Ce soir, il n'y a rien à faire, autant le simuler ! » Plusieurs veulent en finir pour retourner vaquer à leurs occupations, écouter les épisodes d'une série télé, aller sur les médias sociaux ou effectuer des achats en ligne... Feindre, c'est mentir. Se mentir à soi. Imiter l'orgasme, c'est émettre un non-dit, c'est dissimuler un abandon. Vous déguisez un lâcher-prise. Vous êtes en train de vous nuire : à vous, à l'autre, à votre couple. Il y a une stratégie sous-jacente, consciente ou inconsciente. « Mieux vaut feindre la jouissance : ainsi j'achète la paix. J'achète du temps. Je camoufle sous le tapis les vraies notions conjugales, celles qui nécessitent un bilan et une vraie mise au point. Suis-je heureuse avec toi ? Est-ce que je t'aime encore ? Pourquoi je ne te désire plus ? »

Feindre, c'est mentir. Se mentir à soi.

Faire son devoir conjugal est la même chose : agir en hypocrite et acheter la paix. Madame, vous savez exactement ce que vous êtes en train de faire et pourquoi vous le faites. Je ne vous apprends rien. Vous avez peur, alors vous faites semblant. Mais vous avez peur de quoi, au juste ? Ce n'est pas une vie que de la passer à se mentir. C'est énergivore. Ça pourrait même vous mener vers un épisode dépressif. Voulez-vous vraiment vous rendre jusque-là ?

La peur est une émotion qui nous incite à la prudence. Elle représente souvent les appréhensions d'une éventuelle rupture. Je pense à cette femme qui venait consulter pour ambivalence amoureuse : « Est-ce que je l'aime encore ? » Elle avait tant de déceptions, d'insatisfactions accumulées et de lamentations. Elle devait quémander pour obtenir de l'aide dans la répartition des tâches. Ce fut encore plus flagrant au virage de la parentalité. Ils ne formaient plus une équipe solidaire. Son désir sexuel a disparu. Lorsqu'elle consentait à une relation sexuelle, elle ressentait une rage intérieure : « Il ne mérite pas que je lui cède le passage, il me laisse tomber et ne me voit pas submergée. » Au lit, on ne se ment pas. Si votre dynamique conjugale à la verticale est déséquilibrée et en souffrance, elle s'exprimera de façon identique à l'horizontale.

Ne plus se mentir au lit, c'est établir des conditions gagnantes et optimales. Quelles sont-elles ? Connaissez-vous votre manuel d'instructions ? Vous savez le nombre d'heures de sommeil dont vous avez besoin pour récupérer, vous savez aussi le nombre de semaines de vacances nécessaire pour vous évader et décrocher, et vous choisissez un type de restaurant pour être satisfait de l'expérience ; je sais que vous êtes en mesure de cibler vos conditions parfaites. Faire l'amour comme VOUS le voulez, comme VOUS le désirez, avec TOUT ce que vous préférez : vous savez quand vous en avez vraiment envie !

CHAPITRE 17

FAITES-VOUS TOUJOURS L'AMOUR POUR LES BONNES RAISONS ?

Une question coup de poing, à laquelle vous répondrez certainement oui ! Permettez-moi d'avoir des doutes. La sexualité est faite pour satisfaire des besoins psychoaffectifs. Elle revêt une fonction complétive : combler des besoins fusionnels, se rapprocher de l'autre et retrouver une sécurité affective. En avril 2015, le journal *Daily Mail* a lancé un défi à trois couples, leur demandant de ne pas faire l'amour pendant un mois[13]. Après cette période, les couples n'étaient pas frustrés, mais éloignés. Ils ont souffert de l'absence de proximité.

La principale raison de faire l'amour est : « Je veux être près de toi, me sentir aimé, touché, désiré, respecté, admiré, valorisé, caressé. Par la relation sexuelle, je reçois de l'affection. On s'embrasse. Je suis collé à toi. En fusion. En sécurité. » Ce temps à deux est si précieux. Il appelle au respect, à la complicité, au partage et à la gratitude, qui s'expriment. Cette forme de communication très privilégiée n'appartient qu'à votre couple. Cela vous rend plus forts et vous stimule à concrétiser des projets. C'est un cercle vicieux positif ! Plus on le fait, plus on a envie de le faire. « Je m'abandonne avec toi. Je ressens

> C'est un cercle vicieux positif ! Plus on le fait, plus on a envie de le faire.

---

13. http://www.medisite.fr/a-la-une-un-mois-sans-sexe-quels-effets-sur-le-couple.844057.2035.html

grâce à toi. » Le compte d'épargne conjugal-affectif fructifie. Le réservoir d'amour se remplit.

La sexualité comble aussi nos besoins d'ordre narcissique : se sentir aimé, aimable, valable. Elle permet d'accepter l'amour que l'autre nous porte. Elle consolide notre identité personnelle. Notre identité de genre. L'homme prouve sa masculinité et affirme sa puissance phallique. Sa virilité ! La femme fortifie sa désirabilité sexuelle en acceptant d'être un objet de désir pour son partenaire. La sexualité active l'instinct de vie.

Nous voudrions tant que les motifs nobles soient les seules sources de motivation pour avoir des relations sexuelles. L'amour, toujours l'amour. Comment se fait-il que certains couples s'en éloignent ?

À quoi sert le sexe dans votre vie ? La sexualité est-elle toujours un acte d'amour ?

À quoi sert le sexe dans votre vie ? La sexualité est-elle toujours un acte d'amour ? Le sexe est souvent utilisé comme un substitutif pour combler d'autres besoins. Il se prête bien à un usage défensif permettant d'endiguer temporairement un conflit. Bien peu de personnes sont à l'abri de la sexualisation défensive, dans la mesure où le conflit fait partie intégrante de l'existence humaine. C'est inévitable.

Il existe aussi d'autres raisons moins nobles pour faire usage de la sexualité :

- pour prévenir une infidélité, pour empêcher l'autre d'aller évacuer ailleurs ses pulsions ;
- pour acheter la paix et atténuer les frustrations de toutes sortes du partenaire ;
- pour assouplir l'humeur de l'autre et la moduler par une sexualité vécue par procuration, à la remorque du rythme de l'autre et de ses pulsions. Pas les nôtres, les siennes ;
- pour apaiser les suites d'une chicane, comme le sexe de réconciliation mentionné au chapitre 14.

En troquant votre sexualité contre une illusion de qualité de vie, êtes-vous conscient que vous engraissez le non-sens ? Vous faites un accommodement déraisonnable.

Il fut un temps où les femmes faisaient la grève du sexe pour que cesse la guerre, ou encore pour obtenir des faveurs ou des cadeaux : « Je ne t'offrirai pas volontairement ce que moi seule peux te fournir : mon corps, mon sexe. J'agis ainsi en reprenant un certain pouvoir par une privation. » Cela consistait en une véritable lutte de pouvoir par le biais de la sexualité.

Et que dire aussi de cette forme de prostitution ? « Par le sexe, j'obtiens un dédommagement. » Vous avez très certainement entendu parler des *pipo points*, ces gains obtenus après des fellations bien effectuées ? Quelle ironie ! « J'accepte de faire un geste à contrecœur pour ensuite obtenir ce que JE veux. » C'est pire encore si la femme s'exécute en faisant fi de son aversion ou de son dégoût pour un bénéfice !

La sexualité est vécue pour combler des besoins. Un des motifs souvent évoqués est l'anxiété de l'abandon. Nous portons tous la crainte d'être abandonné, rejeté ou perdu. Pour l'éviter, nous nous imposons des relations sexuelles : « J'ai pas le goût, mais je n'ai pas le choix ! » Triste réalité, souvent entendue de femmes au désir sexuel absent. Encore ce cercle vicieux qui n'a plus rien de vicieux ! « J'ai si peur de perdre l'autre et de me retrouver seule que j'accepte d'avoir une sexualité. Ainsi, je préserve mon couple. » Vous n'êtes pas sans savoir que, lorsque vous manquez de cœur à l'ouvrage, ça se voit ! Votre partenaire va le ressentir et en sera affecté, cela pouvant même diminuer son désir et hausser sa frustration. Si la tendance se maintient, ce que vous redoutez le plus risque de se produire. Pourquoi rester avec une personne qui ne semble plus nous aimer ni nous désirer ?

La sexualité est aussi utilisée comme mécanisme de défense, pour bloquer des angoisses plus profondes. Celle que j'entends le plus souvent à mon cabinet est en réaction à un état dépressif : « Je baise pour rester en vie, avoir l'illusion de me sentir vivant. » Étrange, car en dépression et sous anti-dépresseurs, la dernière chose dont les gens ont envie est de sexe. Une dépression marquée par une baisse d'intérêt envers la vie est presque toujours accompagnée d'un désinvestissement érotique. Érotiser, fantasmer et désirer maintiennent la morbidité à distance et constituent peut-être la défense la plus efficace contre l'angoisse de la mort. La fonction sexuelle aide à se prémunir contre une détresse plus grande.

L'usage défensif des pulsions sexuelles se voit aussi très clairement chez ceux qui souffrent de compulsion sexuelle. La recrudescence du désir sexuel est si envahissante qu'elle entraîne une baisse de sélectivité dans le choix de partenaires sexuels. L'anxiété de l'abandon se trouve alors dissipée provisoirement. Je vois cette promiscuité sexuelle défensive chez les hommes homosexuels, mais elle est vécue aussi chez les hétérosexuels, ou chez la femme dite « nymphomane », ou hypersexuée hyposélective : baiser le plus possible, avec n'importe qui. La sexualité est alors hygiénique et n'a qu'une fonction épidermique pour se sentir vivant le temps d'un instant. Même s'il y a une quantité importante d'actes sexuels, le vide affectif est toujours présent, comme une tache indélébile.

Que dire aussi de ceux qui sont assoiffés de sexe alors que toutes les autres dimensions de leur vie sont vides de sens et insatisfaisantes ? La sexualité devient l'unique scène où ils se sentent vivants, puissants, virils, forts, compétents, désirables et désirés. Qu'adviendrait-il si cette personne se réalisait dans la sphère professionnelle, relevait des défis, pratiquait un sport et avait un réseau social ? La sexualité prendrait sa place, et non toute la place. D'autres espaces d'émancipation coexisteraient.

Et vous, faites-vous toujours l'amour pour les bonnes raisons ?

CHAPITRE 18

UN COUPLE ABSTINENT EST-IL VIABLE ?

Êtes-vous au régime, sexuellement ? Votre vie intime est-elle anémique ? Votre couple est-il en grève ? En 2004, le magazine *Newsweek* affirmait que 15 à 20 % des couples se laissaient aller aux joies du sexe moins de dix fois par année, ce qui entre dans la catégorie des « mariages sans sexe » (*sexless marriages*). Souvenez-vous des trois ingrédients de l'amour : l'engagement, l'intimité et la passion. L'amour complet, total et absolu comprend ces trois éléments, mais vous pouvez aimer avec deux ou un seul d'entre eux.

Mon expérience clinique me permet d'affirmer que l'aspect le plus souvent manquant est la passion. Sans elle, il reste tout de même l'engagement et l'intimité. Le couple semble alors s'aimer mais, sous les couvertures, il ne se passe plus rien. La plupart des couples traversent des périodes où, pour diverses raisons, le désir est moins au rendez-vous. Cependant, quand la panne dure des mois, voire des années, il y a lieu de se poser des questions. Quand le sexe disparaît, l'amour peut-il survivre ? Peut-on s'aimer sans faire l'amour ? Sans se désirer ? Fatigue, carrière prenante, rénovations, procrastination, paresse : quels sont vos prétextes pour ne plus faire l'amour ? Ce passage érotique à vide peut être dû à un événement difficile (maladie, dépression, perte d'emploi) ou à des circonstances qui laissent peu de place à la vie amoureuse (soucis, arrivée des enfants, parents malades). Dans tous les cas, le résultat est souvent le même : le couple s'oublie et le désir vient à manquer. On ne l'entretient plus. On ne cultive plus nos sources d'inspiration. En n'accordant pas d'importance au couple et en ne s'accordant pas de moments d'intimité, on perd l'occasion de se rapprocher et de nourrir le désir sexuel.

Il arrive aussi qu'un des deux conjoints soit ennuyé d'être le seul à initier, à proposer. Seul capitaine à bord, il souhaite que le matelot prenne la relève. Que faire si le matelot n'est pas intéressé à naviguer ou s'il craint de ne savoir où aller ? Bien sûr, des pannes de désir temporaires, ça arrive. Il ne faut pas en conclure que le couple est en péril et que l'amour n'est plus au rendez-vous. Ce n'est pas réaliste de chercher à toujours éprouver le désir des premières années. Avec le temps, l'amour devient plus solide, plus profond. Si ça ne

Quand le sexe disparaît, l'amour peut-il survivre ? Peut-on s'aimer sans faire l'amour ? Sans se désirer ?

tenait qu'au sexe, le taux de divorce serait de 95 % au lieu de 50 % ! C'est l'intimité qui fait durer un couple, pas la sexualité.

Le risque de s'enliser trop longtemps dans ce genre de situation est problématique. Les comportements d'évitement apparaissent ; certains ont peur d'attiser le désir du partenaire chaque fois qu'il y a des moments de tendresse, des enlacements ou des baisers. Il ne faudrait pas confondre geste gratuit et geste intentionné. On peut toucher l'autre tout à fait gratuitement, pour de l'affection, point ! Et aussi toucher l'autre avec une intention de caresses, de proximité, d'excitation.

L'erreur est de jeter le bébé avec l'eau du bain. De tout arrêter si on ne se touche plus. Non pas que le sexe ne nous tente plus, mais l'éloignement se traduit par une gêne de se retrouver et une pudeur apparaît, car moins on le fait, plus on désapprend. La crainte de la maladresse est là. On devient gauche et mal à l'aise dans ces moments d'intimité. On les repousse, de peur de ne plus être à la hauteur ou même de ne plus trop savoir comment s'y prendre !

Votre conjoint et vous n'en souffrez pas ? Si réellement vous êtes heureux dans cette situation, votre relation n'est pas menacée, mais lorsque l'un des deux reste constamment sur sa faim, il ne se contentera pas de chastes baisers et de caresses dans le dos. C'est là que les problèmes surgissent. Le barème est la souffrance. Si l'un des deux souffre, qu'il y a plus de chicanes que de joie, la frustration minera le couple. Deux issues sont alors possibles : infidélité ou rupture. Est-ce qu'on peut continuer une vie à deux quand on sent qu'il y a insatisfaction ? Pour relancer la machine, demandez-vous comment vous en êtes arrivé là. Pourquoi le désir n'est-il plus au rendez-vous ? Pourquoi votre corps reste-t-il muet ? Qu'est-ce qu'il faut pour l'attiser ? Avez-vous abandonné ?

CHAPITRE 19

TENEZ-VOUS VOTRE BOUT DU FOULARD ?

Pour illustrer la dynamique conjugale, j'utilise un foulard. La démarche thérapeutique est avant tout intellectuelle. On réfléchit, on se pose des questions, on pense aux réponses. Rien de visuel, rien de concret. Le foulard m'aide à concrétiser ce qui se dit et se vit au sein du couple. Chaque fois, la réaction est percutante.

Le foulard correspond à la relation. Chacun doit tenir son bout de foulard, car l'amour est une décision : « Aujourd'hui, je t'aime avec tout ce que j'ai, tout ce que je peux, tout ce que je suis. » Dans le meilleur des mondes, ça se passe ainsi. « Je tiens volontairement mon foulard. Je m'y suis engagé, car je sais qu'à l'autre bout tu le tiens aussi. Tu décides de le tenir. Tu décides de m'aimer avec tout ce que tu es, tout ce que tu peux, tout ce que tu dis. » Le couple va bon train. La relation est harmonieuse.

Dans le cas d'abandon sexuel et d'abstinence, l'un des deux ne tient plus son bout du foulard. Il le laisse tomber. En réaction à cela, l'autre le passe autour du cou de son partenaire afin de tirer sur les deux bouts. « Je vais désirer pour deux, je vais aimer pour deux, je vais insister pour deux, je vais diriger pour deux. J'en suis capable ! » L'autre étouffe, le foulard s'enroule autour de son cou. Deux positions malsaines : l'un commande et l'autre suffoque. En lâchant sa prise, celui qui est aux commandes pourrait décider d'abandonner le foulard. Il prend conscience qu'il le tient seul. À quoi bon ? Et le foulard se retrouve par terre, sans que personne s'en occupe. Ce sont deux personnes qui existent uniquement comme parents, coresponsables de la domesticité familiale et des enjeux financiers.

Êtes-vous lassé d'être la seule personne qui commence les rapprochements ? D'être le seul qui a à cœur de tenir le foulard ? D'avoir seul la responsabilité du ministère des Loisirs, des Sports et des Jeux ? « C'est toujours moi qui propose et toujours toi qui disposes, qui acceptes ou qui refuses. » « Pourquoi est-ce toujours moi qui viens vers toi ? Pourquoi suis-je l'unique personne au sein du couple à y penser ? À agir ? La seule qui se soucie de notre intimité ? » Il y a matière à frustration ! Combien de temps tiendrez-vous seul le foulard ?

On aperçoit aussi assez vite un *pattern* routinier : « C'est moi qui initie, moi qui ose, moi qui tente un rapprochement, moi qui en parle, moi qui veux expérimenter, moi qui propose, moi, toujours moi ! » En prendre conscience nous fait lâcher le foulard. Si la tendance se maintient, rien ne changera. « J'ai beau en parler de toutes les manières possibles et sur tous les tons, et même si je crie de rage, rien ne bouge. »

La stratégie si souvent soulevée par les patients en thérapie est celle de lâcher le foulard et d'attendre que l'autre le ramasse. « J'arrête d'insister, puisqu'elle me considère comme un harceleur. Je vois bien que son désir est absent et qu'elle se force, même si elle n'en a pas le goût. » « Je constate que son appétit ne revient pas. Je n'en peux plus d'insister. Un homme qui n'a pas de désir, je n'ai jamais vu ça ! Alors je lui ai dit que j'arrêtais d'en parler, ce sera à lui dorénavant de venir vers moi. » Mauvaise manœuvre, mauvaise façon de faire. Ne dites pas cela ! Son désir est absent. Et rien ne change, malgré votre insistance. Comment le désir renaîtra-t-il alors qu'il est mort ? Par enchantement ? La vie n'a rien à voir avec le merveilleux monde de Disney ! Se faire dire que maintenant c'est à son tour de tenir les deux bouts du foulard parce que l'autre abandonne ne changera rien ! Oui, vous avez bien lu : RIEN !

En voulant provoquer une réaction, vous récolterez l'inverse. Votre partenaire culpabilise davantage et s'inquiète. « Il/elle attend après moi ! » C'est comme demander à une personne qui n'a aucune compétence ni intérêt à cuisiner de préparer le repas pour une dizaine de convives : impensable ! Servez-vous de l'image du foulard et utilisez-en un à la maison pour faire le lien avec votre intimité. Chacun en est responsable. C'est ensemble que vous y parviendrez. Inutile d'annoncer un ultimatum. Il y a un trop grand risque que votre partenaire reste sur ses positions... C'est le *statu quo*, un surplace très insatisfaisant...

J'entends aussi la stratégie du « Permets-moi d'aller ailleurs ! » ou « Soyons un couple ouvert ». Ainsi, la dimension érotique ne sera plus un supplice. L'un cessera de quémander. Il assouvira ses pulsions à l'extérieur du couple. C'est rarement une proposition acceptée. Le couple est placé devant un *catch 22*. Peu importent les options, toutes sont néfastes. Rester ensemble sans sexe ou être infidèle et en souffrir ? Lorsqu'on ne sait plus quoi faire, c'est souvent notre corps qui nous envoie un message, un symptôme. Et que fait le corps lorsqu'on ne veut pas l'écouter ? Il parle plus fort !

CHAPITRE 20

LA PSYCHOSOMATISATION : VOTRE CORPS VOUS PARLE !

Pourquoi croyez-vous que vous êtes malade ? Est-ce que vos émotions vous rendent malade ? En 2012, j'ai accepté l'animation d'une émission quotidienne à la radio diffusée dans tout le Québec. Une ligne ouverte à vocation thérapeutique. Le rêve ! Ce contrat m'emballait et arrivait à point dans ma vie. Sauf qu'il y avait un hic : ma pratique privée. Je devais concilier les deux. Une émission quotidienne est très prenante ; aussitôt qu'elle est terminée, il faut préparer la suivante.

Je ne pouvais plus faire de clinique tous les jours. Je devais restreindre ma pratique. J'aurais pu tenter de tout maintenir en place et me prendre pour une *superwoman,* au risque d'un épuisement. J'aurais pu mettre ma pratique sur pause, au risque de « cannibaliser » mon expertise. Pour être crédible en ondes, à la télévision ou à la radio, je me devais de rester active sur le terrain, car m'en éloigner aurait fait de moi une théoricienne.

Ainsi, diminuer mes heures cliniques et réduire mes journées de pratique m'ont demandé de faire un deuil. Je me sentais tiraillée et coupable. Comme si je négligeais ma nature profonde et mes patients. Je délaissais la thérapeute pour apprendre à devenir animatrice. À essayer de tout concilier, je me suis retrouvée épuisée. Je l'ai constaté lors de mes vacances, après la période de sondage. Un mal de gorge terrible dès ma première journée de congé. Une douleur comme je n'en avais jamais eue, atroce et pénible, qui m'a obligée à consulter. Le diagnostic : pharyngite et amygdalite. Ça m'a fait réfléchir. Outre l'aspect bactériologique, qu'est-ce que ça signifiait ? Une accumulation. En une année, j'avais presque tout vécu : une rupture, un déménagement, un nouvel amour, l'adaptation à une famille recomposée et un nouveau contrat.

La radio, que j'adorais, était comparable à un immense caillou qui prend toute la place dans un bocal. Je ne faisais que travailler. Grâce aux antibiotiques, je fus remise sur pied rapidement et j'ai pu profiter de la plage. Trois semaines plus tard, une autre pharyngite ! Je n'avais écouté mon corps que d'une oreille et il a donc parlé plus fort. J'étais à 3/10 de mon énergie. Tout m'énervait ! J'accumulais les irritants. L'émission ne se déroulait pas comme je le souhaitais et j'avais peu de soutien de l'équipe. J'éprouvais une colère que je ne pouvais exprimer. Voilà pourquoi ma douleur se logeait dans ma gorge. Je la refrénais. Et plus j'agissais ainsi, plus j'avais mal. J'ai compris le message. J'ai discuté avec la direction, des changements furent apportés et la saison s'est bien terminée. J'ai même eu l'immense bonheur et privilège d'animer seule l'émission une autre année. J'avais réussi à me déculpabiliser et je m'étais adaptée à cette vitesse de croisière.

Je vous ai expliqué au chapitre 5 le rôle des maladies et des douleurs chroniques. Cette fois-ci, la médecine ne trouve rien de particulier, malgré les batteries de tests. Mais vos symptômes, eux, sont bien réels. Observez votre corps. Qu'est-ce qui se passe au-delà du physique ? Qu'est-ce que le malaise empêche de dire, de faire ? Serait-ce une émotion liée à des blessures du passé comme le rejet, l'abandon, l'humiliation, la trahison ? Une émotion à la suite d'une agression sexuelle non dénoncée ? Si, au repos, vous avez mal aux hanches ou au coccyx, avez-vous droit à ce repos ? Vous avez des sinusites à répétition ; y a-t-il une situation ou quelqu'un que vous ne pouvez plus sentir ? Une indigestion sans raison pourrait-elle avoir une autre cause que l'alimentation, comme si vous ne digériez plus une situation ou une personne ? Ces tensions accumulées et ce stress chronique affectent votre immunité. Le stress, c'est ravageur.

Les maux de dos affligent également de nombreuses personnes. Ils sont incommodants. Impossible de trouver une posture confortable. Ils font souffrir jour et nuit. Qu'est-ce que vous vous mettez sur le dos qui ne vous appartient pas ? Est-ce le désir de tout contrôler qui pèse tant ? Une responsabilité de trop ? Un mandat qui ne vous appartient pas, mais dont vous acceptez de vous charger ? Vous en imposez-vous trop ? Pourquoi devez-vous tout prendre sur vous ?

Les malaises vous forcent à concevoir les choses d'une autre façon. À réviser votre façon de penser. Vos symptômes vous disent que vous n'allez pas dans la bonne direction. Regardez au-delà du physique pour apprendre. Je pense à cette femme qui a soudainement eu mal au coude et au poignet, des douleurs liées au tunnel carpien. Elle était alors incapable de prendre la décision de quitter son mari pour vivre avec son amant. Pour

> **Vos symptômes vous disent que vous n'allez pas dans la bonne direction. Regardez au-delà du physique pour apprendre.**

quelles raisons ses symptômes sont-ils apparus en plein cœur de son tourment et de son ambivalence ? Elle était simplement limitée dans ses mouvements, dans ses actions. Limitée dans sa course. La douleur freine tout.

Cette autre femme avec une réaction allergique soudaine était dans des démarches judiciaires contre son ex pour agression sexuelle. Un trop-plein d'irritants, de révolte et d'injustice, avec un traumatisme qui lui sortait par les pores. Que dire de ceux qui souffrent de labyrinthites soudaines qui viennent changer leurs plans et qui demandent que l'on se pose pour que cessent les étourdissements ? Et ce zona instantané qui fait si mal, quel est son message ? Il existe des injustices dans la vie, des conditions environnementales qui nous rendent malades et des prédispositions génétiques, sans compter l'état de notre système immunitaire qui permet de combattre ou non les virus. Pourquoi maintenant ? Une réflexion sur notre mode de vie s'impose.

Je compare souvent la maladie à un morceau de casse-tête en trop : il n'a pas sa place. Nous n'avons jamais le temps d'être malade, encore moins d'être hospitalisé ou en convalescence. Il n'en tient qu'à nous de saisir ces moments et de nous offrir l'occasion de changer des choses dans notre vie, de prendre des décisions.

Pour ne plus avoir de pharyngite, je me suis permis d'énoncer les conditions gagnantes nécessaires à mon travail : un agenda et un horaire convenables, et du temps de qualité pour moi, pour mon couple, pour ma famille et pour mes amis. Ce n'est pas parfait, mais je ne vise pas la perfection. Mon agenda est en conformité avec mes besoins. Je suis travaillante et je ne vois pas le temps passer. Je dois me réserver des périodes de décrochage afin de préserver une distance émotionnelle avec la place qu'occupe le travail dans ma vie, et le sens qu'il revêt. Être performant, oui, mais à quel prix ? Pour faire plaisir à qui ? Est-ce un critère qui m'est imposé ou que je m'impose ? Comme je suis une femme aux exigences et aux standards élevés, je dois les assouplir.

Afin de préserver une santé sexuelle, relationnelle et amoureuse, observez vos maladies et faites-les parler. Qu'est-ce que le *mal a dit* ? Qu'est-ce que votre corps exprime à votre place ? Habituellement, la PEUR sert à éviter le danger, la COLÈRE permet de nous défendre et de nous affirmer, et la CULPABILITÉ nous incite à faire attention aux autres. Les femmes souffrant de douleurs coïtales disent : « Ça brûle, ça tire, ça fend comme une lame. » Qu'est-ce que votre vagin dit à votre place ? Bouche et vagin sont très similaires. Ce sont deux ouvertures. Deux façons de s'exprimer. L'une par les mots, l'autre par le droit d'accès lors de la pénétration (qui sera acceptée ou refusée).

Si le vagin est une terre aride, il dit : « NON ! N'entre pas ! Je ne veux pas ! Pas ainsi ! Pas toi ! Pas maintenant ! » La douleur peut aussi exprimer une colère ou du ressentiment. Combien de femmes endurent ces douleurs sans aller consulter ? Inconsciemment, ai-je envie de trouver une solution à mon problème ? Quand on doute de notre amour pour l'autre, que la relation coûte plus qu'elle n'apporte, est-ce que ça vaut encore la peine ? Peut-être que la douleur exprime la fin du lien.

Cette douleur représente une fermeture. Un non-désir de fusion. « Si je suis déçue ou désillusionnée de toi, de nous, mais sans jamais le dire, mon vagin le dira pour moi. » Et

> **Combien de femmes endurent ces douleurs sans aller consulter ? Inconsciemment, ai-je envie de trouver une solution à mon problème ?**

cela n'a rien à voir avec des problèmes gynécologiques. La musculature réagit spontanément à la colère, à la peine et à la déception. Lorsque vous êtes frustré et enragé, avez-vous le corps souple et mou ? Non ; instinctivement, il se raidit. Même chose pour la réaction vaginale : obstruction totale. La douleur peut signifier bien plus. Cette blessure peut émaner d'un sentiment de solitude ou d'abandon quand nous savons que notre partenaire vit dans son propre monde, qu'il se réfugie dans son imaginaire ou encore qu'il utilise la pornographie pour s'érotiser. Cela, pour plusieurs partenaires de vie, constitue une immense douleur.

CHAPITRE 21

LA PORNOGRAPHIE :
PARASITE CONJUGAL !

Jamais une patiente ne m'a dit être enchantée de découvrir que son partenaire passait des heures devant des sites pornographiques. Elles sont outrées et indignées. Pour elles, ça dépasse l'entendement. Ça ne se fait pas. Qu'il se masturbe, c'est une chose, mais devant des sites pornos, c'est irrecevable. Leur homme est alors perçu comme un pervers déviant incontrôlable.

L'homme pris au piège ne sait trop quoi répondre. Lorsque je reçois ces couples en clinique, la femme est dévastée et l'homme sans mots. Souvent, ce qu'il trouve à dire, c'est : « Au moins, je ne te trompe pas ! » Quoi ? Qui trompe qui, au juste ? L'homme banalise son comportement et la femme s'en scandalise. Pourquoi en sont-ils là ? Même question que celle qui est soulevée au sujet du couple devenu abstinent. Chacun trouve sa stratégie personnelle pour compenser. Chacun abandonne le foulard. Le terrain de jeu est loin derrière eux. Ils s'approchent d'un ring de boxe, prêts à s'affronter.

Une grève de la faim est facile à faire si, en cachette, on mange du chocolat. Facile d'éviter la sphère sexuelle si l'un des deux se bourre le crâne d'images pornographiques par du sexe « pas de trouble », seul maître à bord, producteur et acteur de son propre film. Dans ma pratique, je considère que l'usage de la pornographie correspond à une stratégie d'évitement. J'évite la relation sexuelle en duo pour la vivre en solo, dans mon refuge abrutissant. Oui, vous avez bien lu. Il n'y a rien d'édifiant dans ce que propose la pornographie. Vous ne construisez rien à maintenir pareil comportement. Vous établissez un abri mental sécurisant pour vous-même et, pendant ce temps, votre couple est comme un jardin laissé en friche. Comment les hommes vivent-ils avec la pornographie ? Cherchent-ils à imiter ce qu'ils ont vu ?

> **Vous établissez un abri mental sécurisant pour vous-même et, pendant ce temps, votre couple est comme un jardin laissé en friche.**

La pornographie est un phénomène difficile à définir. Dans les dictionnaires, on en mentionne surtout l'aspect obscène. En fait, la pornographie est une production commerciale qui vise à provoquer l'excitation sexuelle et peut s'accompagner de pratiques conduisant à la jouissance, et qui est considérée comme blessante ou dégradante pour la dignité de la personne en raison de la présence explicite ou implicite d'éléments de contrainte, de violence physique ou psychologique, de mépris ou de rapports de force déséquilibrés.

Selon une étude allemande, regarder trop de films pornographiques serait néfaste pour le cerveau[14]. Il existerait un lien négatif significatif entre le fait de regarder de la pornographie plusieurs heures par semaine et le volume de matière grise dans le lobe droit du cerveau. L'activité du cortex préfrontal serait aussi affectée par une importante consommation de contenus explicites. Cette région est le siège des différentes fonctions cognitives tels le langage, la mémoire de travail et le raisonnement. Dans cette étude, les sujets devaient répondre à un questionnaire sur leur consommation hebdomadaire de vidéos pornographiques (la moyenne établie étant de quatre heures par semaine), pour ensuite passer des imageries de résonance magnétique (IRM) de leur cerveau afin d'en mesurer la taille.

---

14. http://jamanetwork.com/journals/jamapsychiatry/fullarticle/1874574

Plus les sujets regardaient de la pornographie, plus la taille du striatum (petite structure nerveuse juste sous le cortex cérébral) diminuait. Les hommes qui passent beaucoup de temps à regarder de la pornographie paraissent avoir moins de matière grise dans certaines parties du cerveau et une activité cérébrale réduite. Les chercheurs expliquent cette corrélation entre consommation pornographique et atrophie du cerveau par des changements dans la plasticité neuronale résultant d'une intense stimulation du centre du plaisir. Ce n'est pas une conclusion définitive, mais il y a un lien de cause à effet.

Une autre étude, cette fois de l'University of Cambridge (Grande-Bretagne), porte sur les dommages causés par les scènes sexuelles érotiques à répétition[15]. Les chercheurs ont découvert que le cerveau de la personne qui regarde de la porno a les mêmes réactions que celui d'un toxicomane ou d'un alcoolique. Ils ont utilisé la technique de l'IRM du cerveau auprès d'un groupe de jeunes gens accros aux films pornos, et les résultats ont surpris les scientifiques : les scènes pornos présentent un réel danger ! Il fut remarqué qu'une activité considérable du striatum ventral (la zone responsable de la récompense, de la motivation et du bonheur) s'est manifestée de façon anormale, et que regarder de plus en plus de scènes affecte le cerveau et l'épuise complètement, comme c'est le cas des drogues et de l'alcool.

Ces chercheurs ont affirmé que, quand un sujet regarde une scène de sexe, la sécrétion de testostérone augmente immédiatement, de même que la dopamine et l'ocytocine, inondant ainsi le cerveau pour provoquer un épuisement du fonctionnement et perturber les opérations de mémorisation et d'apprentissage. La sécrétion de dopamine en abondance pendant qu'on regarde des scènes de sexe épuise la zone frontale du cerveau. Cette région est importante dans la prise de

---

15. www.cam.ac.uk/research/news/brain-activity-in-sex-addiction-mirrors-that-of-drug-addiction

décisions et est similaire à des freins de voiture. Imaginez-vous au volant d'une voiture aux freins défectueux : le risque d'accident est très élevé.

La dopamine, elle, est vitale pour se sentir heureux. Cette substance sécrétée par le cerveau nous envahit de bonheur lorsque nous gagnons de l'argent ou quand nous accomplissons une action importante. Lorsque le cerveau devient dépendant des scènes sexuelles, la sécrétion de la dopamine augmente mais, après un moment, les cellules qui la sécrètent se fatiguent et s'atrophient progressivement. La personne ne se sent plus heureuse comme avant et cherche d'autres moyens plus excitants (comme un toxicomane) et, donc, le dommage des cellules augmente... C'est un véritable processus de destruction ! Imaginez de telles répercussions sur le cerveau d'un jeune de 13 ans ! Comment sa vie sexuelle en sera-t-elle influencée ? Subira-t-il une toxicité irréversible ?

La pornographie est le sexe sans les mains. C'est un *safe sex* affectif. La caméra porno ne s'intéresse qu'à l'acte coïtal : la pénétration. La caméra ne cherche nullement à capter les images d'activités

La pornographie est le sexe sans les mains.

sexuelles normales du genre caresses, préliminaires, frôlements, étreintes, baisers, rires et complicité. Les seules parties touchées sont le pénis et la partie pénétrée. Sans les mains ! Selon la porno, vous avez une valeur sexuelle uniquement si vous avez un énorme phallus et une érection éternelle. Rien à voir avec le fait d'être passionné, attentif et généreux.

Tout ce que nous regardons nous envahit. Nous n'avons qu'à entendre le *jingle* d'une publicité, et la musique nous reste en tête. Que se passe-t-il quand nous regardons vingt minutes de porno une ou deux fois par semaine ? C'est envahissant ! À ce propos, j'ai lu avec beaucoup d'attention le billet de blogue de Ran Gavrieli, professeur d'études de genre à la Tel Aviv University (Ramat Aviv), intitulé « Pourquoi j'ai arrêté la pornographie[16] », où il raconte que ses fantasmes comportaient de plus en plus de colère et de violence, donc une gradation fantasmatique, et qu'il était conscient que par la porno il contribuait à la prostitution filmée. Après ce constat, il a voulu reprendre le contrôle et la responsabilité du contenu de son esprit.

En pornographie, qu'est-ce qui fait qu'une chose est sexuelle ? C'est TOUT ce que les hommes trouvent excitant. Si c'est excitant d'étrangler une femme, c'est sexuel. Si c'est excitant de la pénétrer brutalement sans le moindre contact, c'est sexuel. Si c'est excitant de voir une femme pleurer, c'est sexuel. Qu'en pensez-vous ?

Découvrir que son partenaire a une vie sexuelle bien à lui, son univers propre, dont on ne fait pas partie, peut avoir l'effet d'un véritable choc, d'une trahison : « Un véritable coup de massue. Il y avait là quatre cents courriels échangés en six mois à peine. Des messages très crus, dans lesquels il prenait rendez-vous avec des femmes et des hommes pour coucher avec eux. Des courriels dans lesquels il détaillait des actes sexuels d'une vulgarité sans nom... »

Je pense à cette femme qui investigua l'historique du moteur de recherche de l'ordinateur de son conjoint et y découvrit des sites pornos masochistes gais. Une autre, vidant les poubelles trop remplies de mouchoirs en papier, fouilla dans l'ordinateur de son mari et y trouva des sites homosexuels et bisexuels. Une autre encore a appris de l'employé du service technique de son câblodistributeur qu'une facture de plus de 600 dollars de films pour adultes était impayée. Il fut très facile d'obtenir la liste des films, ainsi que les jours et les heures de visionnement : des moments où elle allaitait dans la chambre voisine !

Ces femmes sont scandalisées par ces découvertes. Je ne parle pas ici de la dépendance envers la pornographie, mais de son usage au sein de la relation, de sa fonction et de son sens. Survient-elle lorsque le foulard est par terre, laissé à

---

16. http://next.liberation.fr/sexe/2014/11/27/pourquoi-j-ai-arrete-le-porno_1152043

lui-même ? Lorsque l'anémie érotique est décrétée et que toutes formes d'affection, de séduction, de sensualité sont évitées ? La consommation de la pornographie devient le tiers dans la maison, et un symptôme qui s'ajoute à la longue liste en cours.

Depuis l'origine et l'évolution de l'espèce humaine, nous sommes curieux et fascinés par les ébats sexuels. Il est normal de ressentir de l'excitation en visionnant ces scènes. La pornographie a ceci de bon : elle est efficace. Elle réveille notre imaginaire comateux et le stimule. Si elle a un effet catalyseur, tant mieux. Nous transférons ces compétences au sein de notre relation sexuelle, et le couple s'en porte mieux. Par contre, le problème surgit si elle isole et divise. Pire, si les deux membres du couple font l'autruche. Ne trouvez-vous pas qu'il y a matière à s'inquiéter si cela fait votre affaire que l'autre visionne de la pornographie ? Diriez-vous : « Ça m'arrange parce qu'il ne m'achale pas » ? Cela peut arranger aussi les hommes, qui se considèrent alors comme fidèles et donc respectueux, puisqu'ils ne s'attachent pas ou ne s'amourachent pas d'une tierce personne, à l'exception de leur écran !

Mon constat clinique me dit qu'il n'y a rien d'édifiant à consommer de la pornographie. Les deux conjoints en souffrent. L'un préférerait avoir des relations sexuelles « à deux », l'autre est incapable d'actualiser son désir pour qu'une activité sexuelle soit envisageable. Encore un *catch 22*.

Regrettez-vous d'être un grand consommateur de porno ? Regrettez-vous que votre conjointe s'en soit aperçue et qu'elle se soit mise à vous poser des questions indiscrètes, auxquelles vous n'avez aucune réponse ? Votre couple est-il en péril à cause de scènes sexuelles virtuelles et non actuelles ? En êtes-vous conscient ? Quelle perception avez-vous de vous-même ? Êtes-vous honteux de l'usage que vous faites de la pornographie ? Est-ce une honte égodystone, loin d'être en harmonie avec vos agissements érotiques et vos fantasmes ? Ou un volet égosyntone, en parfaite harmonie avec l'ensemble de votre œuvre sexuelle ?

Nous pouvons agir sur ce que nous jugeons infâme. Agir veut dire reprendre le contrôle, se ressaisir et redevenir capitaine de son âme, de sa fantasmatique. Agir veut dire : reprendre sa santé sexuelle en main ! Outre le fait que la pornographie soit symbolisée par les trois A – accessible, anonyme et abordable –, elle est alarmante quant aux ravages sur soi et sur le couple. Vous désirez faire une désintoxication de la porno ? Posez-vous les questions suivantes.

- Êtes-vous abonné à un forum ou à un *chat* orienté sur le sexe ?
- Êtes-vous abonné à un site de rencontres pour adultes consentants, infidèles et ouverts ?
- Avez-vous du mal à résister à la tentation si vous sentez l'excitation venir ?
- Lorsque vous résistez, devenez-vous nerveux ou irascible envers votre entourage ?
- Juste avant de satisfaire ce désir, devenez-vous fébrile et très excité ?
- Passez-vous des heures sur Internet à naviguer sur des sites pornos ?
- Sombrez-vous de plus en plus dans le sordide et l'avilissant ?
- Après votre satisfaction, éprouvez-vous une sorte de lassitude ? Une *écœurantite* de vous, de la culpabilité et de la honte ?
- Vous levez-vous en pleine nuit pour en voir ?
- Cachez-vous à votre entourage que vous regardez de la pornographie ?
- Votre partenaire souffre-t-il de votre manque de communication et de votre caractère sombre et irritable ?
- Votre conjointe ne vous attire plus sexuellement, mais faites-vous semblant que ça marche ?
- Essayez-vous d'arrêter, en vain ?

Si vous avez répondu par l'affirmative à plusieurs de ces questions, il est temps d'agir afin de retrouver le canal de communication entre vous deux et, surtout, la reprise de projets communs. Sur une balance, vous surinvestissez l'aspect solitaire et sous-investissez l'aspect conjugal. Inversez la mesure. Mettez du poids du côté conjugal pour désinvestir le réflexe pornographique. Consultez pour recevoir une aide adéquate vous permettant d'identifier les circonstances de l'apparition du phénomène, l'événement déclencheur et tout ce qui maintient une telle stratégie. Il y a tant à déconstruire. Ainsi, vous augmentez vos chances de retrouver une vie de couple enrichissante. Les regrets sexuels peuvent être nombreux et figurent honteusement sur un CV sexuel et relationnel. Les regrets font partie du passé. À vous de dicter de quoi seront faits votre présent et surtout votre avenir !

CHAPITRE 22

AVEZ-VOUS DES
REGRETS SEXUELS ?

Les regrets sexuels les plus évidents viennent de rapports sexuels non protégés et d'infections transmises par la sexualité et par le sang (ITSS). Et c'est pire si l'infection est virale, demeure présente dans votre corps et récidive épisodiquement. Sinon, il arrive de regretter les relations d'un soir, les fameux *one night stands*. Des chercheurs américains du Texas et de la Californie ont publié une étude sur les regrets sexuels, basée sur les dires de 25 000 personnes[17]. Voici les trois choses que les hommes regrettent le plus.

1. Avoir été trop timide devant une occasion sexuelle. Et trop timide pour faire les premiers pas : « Je n'ai pas osé, j'aurais donc dû ! »
2. Ne pas avoir été suffisamment aventureux sexuellement quand ils étaient jeunes. J'entends ce regret très souvent chez les *high school lovers*[18].
3. Ne pas avoir été suffisamment aventureux quand ils étaient célibataires.

Le dénominateur commun de ce qu'ils déplorent est de ne pas avoir eu davantage d'expériences, de partenaires, d'audace,

---

17. www.ibtimes.com/sexual-regrets-differ-between-men-women-study-1487554
18. Voir le chapitre 12.

de curiosité, de permission et de ne pas avoir laissé assez de place au plaisir.

Voici les trois regrets les plus fréquents chez les femmes.

1. Avoir perdu leur virginité avec le mauvais partenaire.
2. Avoir trompé un ancien amoureux ou leur partenaire sexuel actuel.
3. Avoir été trop « facile » et être allée trop loin, trop vite !

L'unique regret commun aux deux sexes est celui d'avoir eu une relation sexuelle avec un partenaire peu attirant et de ne pas avoir été assez sélectif quant aux critères voulus. Je constate une certaine culpabilisation parmi les remords féminins concernant l'intimité coïtale dans l'inconscient collectif : tel un rite de passage, la pénétration ne doit pas se vivre prématurément ni se passer avec n'importe qui. L'infidélité est tout aussi culpabilisante : ne pas avoir respecté son engagement ni fait preuve de loyauté. Plusieurs s'en veulent de n'avoir écouté que leurs désirs et de n'en avoir fait qu'à leur tête, égoïstement. Que dire du regret « trop facile », qui est culpabilisant au plus haut point pour une femme : avoir perdu la tête, avoir laissé s'exprimer la « cochonne » en elle, la femme génitale, la libertine ?

Autant chez les femmes que chez les hommes, l'audace et la permission sont souhaitables, mais elles sont difficiles à assumer. La femme se culpabilise et l'homme regrette de ne pas avoir cumulé les conquêtes. On est dans la quantité (mâle) par opposition à la qualité du lien (femelle). Inutile de se punir, car ce qui est fait est fait. On ne peut effacer ni revenir en arrière. La sexualité s'apprend au fil des occasions qui se présentent et qui, souhaitons-le, sont positives.

Toutes nos expériences forment donc notre identité future, en précisant ce que nous aimons ressentir, donner et recevoir, et en déterminant nos capacités et compétences érotiques.

En vieillissant, la femme gagne en conscience génitale. Elle est davantage en mesure de séparer sa tête de son sexe. Elle est capable de faire la distinction entre « baiser » et « faire l'amour ». Elle fait la différence entre une relation mécanique pour une décharge de tension et une relation qui permet de prendre le temps de célébrer son amour.

L'homme, lui, en vieillissant, gagne en sensualité. Il est moins concentré sur son « gland cerveau », et il prend le temps d'offrir et de donner du plaisir. Il devient plus altruiste. Comme un bon vin, il gagne à vieillir...

N'ayez pas de regrets qui vous parasitent l'esprit et vous ruinent le cœur. Avancez et faites tout pour vous faire une belle vie, une vie qui vous ressemble. Votre vie, quoi !

CHAPITRE 23

VOTRE CV SEXUEL DOIT-IL RESTER SECRET?

La sexualité s'apprend au fil des expériences. Elle façonne et consolide notre identité. Notre personnalité érotique est le résultat de notre parcours et son reflet. Chaque personne, chaque occasion et chaque situation sont source d'enrichissement. J'ai écrit au chapitre 12 que les *high school lovers* ont un sérieux handicap, celui de l'absence d'expériences. Et cela nuit à l'enseignement de la connaissance érotique. Ils ont certes une ancienneté relationnelle, un modèle unique, exclusif, mais ils regrettent le manque de variété.

Nous sommes en pleine contradiction: se vanter d'avoir rencontré tôt dans sa vie la bonne personne aimante et désirable, mais se plaindre de ne pas avoir pu vivre une vie parallèle, à cumuler les expériences sexuelles. L'enrichissement par la connaissance de soi est au centre de la notion de santé sexuelle. Vivre et découvrir. Cibler ce qui est optimal, sain, excitant et libérateur. Il est tellement important de savoir avec quel type de personne on a envie de vivre. Certains *high school lovers* se remettent en question: « Est-ce le genre de vie que je veux mener pour le reste de mon existence? Est-ce que cette personne me convient et me satisfait encore? M'y suis-je habitué faute de mieux? » Cette réflexion vient surtout de ceux pour qui l'infidélité est inconcevable, contre leur éthique personnelle. Ils prennent alors la direction du fantasme ou de la rêverie. Pour un temps...

En vérité, cette plainte du CV comportant une seule et unique expérience, vide et désuète, est fréquente, mais il y a son opposé : le CV trop garni dont on aimerait effacer quelques passages.

À cet effet, il existe une autre catégorie : celle de gens jaloux du passé sexuel de leur partenaire. Que faire avec la porte de notre passé ? L'ouvrir ou la verrouiller à double tour ? Devons-nous tout dire ? Que répondre quand notre nouvelle conjointe nous demande combien de partenaires sexuelles nous avons eues ? Les révélations seront reçues différemment selon la personnalité de chacun.

Les individus jaloux, possessifs, dépressifs, colériques, angoissés ou susceptibles réagissent plutôt mal à certains aveux. C'est à vos risques ! Le danger serait de ramener des éléments du passé et de saboter la relation en insérant des enjeux comparatifs. Le tout est insécurisant : « Oui, mais toi, ton ex-la-parfaite... » « Ton passé trouble... » « Toi, tu parles encore avec tes ex ! » « Lui, il était plus *hot*, plus beau, plus mâle. » « Elle était plus ouverte, audacieuse, coquine. »

Quoi partager ? Quoi expliquer ? « Au fait, pendant que j'y pense, avec mon ex on faisait de l'échangisme... Ça ne te dérange pas trop de le savoir ? » Avoir déjà vécu de la violence psychologique, verbale et sexuelle, avoir déjà été danseur nu et tourné de la pornographie, avoir été agressé sexuellement, avoir suivi une cure de désintoxication, avoir été en détention... Il y a des épisodes de notre vie dont nous sommes moins fier et que nous préférons taire. Rares sont ceux qui peuvent prétendre n'avoir aucun remords, aucun regret ni aucune culpabilité par rapport à certaines de leurs actions depuis le début de leur vie amoureuse et sexuelle.

> Pourquoi veut-on vraiment dévoiler notre passé ? Par culpabilité ? Par souci d'honnêteté et de transparence ? Pour se vider le cœur ? Pour que l'autre sache tout de nous ?

Pourquoi veut-on vraiment dévoiler notre passé ? Par culpabilité ? Par souci d'honnêteté et de transparence ? Pour se vider le cœur ? Pour que l'autre sache tout de nous ? Prenez le temps d'y penser. Voici ce que peut contenir un CV sexuel et relationnel. Tout comme notre dossier médical et notre déclaration de revenus, l'ensemble des données est confidentiel :

- agressions sexuelles dans l'enfance ;
- agressions sexuelles à l'âge adulte, expérience sexuelle non consentie (par ex., sexe anal) ;
- traumatisme sexuel (harcèlement) ;
- première relation sexuelle précoce ;
- IVG (interruption volontaire de grossesse) ;
- ITSS (infection transmise par la sexualité et par le sang) ;
- infidélité ;
- expérimentation sexuelle : triolisme, échangisme ;
- vie sexuelle très active, nombre élevé de partenaires ;
- expérience homosexuelle ;
- expérience de domination-soumission-ligotage-maître/esclave ;
- dysfonction sexuelle ;
- consommation de l'industrie du sexe et de la pornographie ;
- histoire d'adoption ;
- dépendances (alcoolisme, toxicomanie, jeu, travail, relations amoureuses) ;
- pauvreté, faillite ;
- séparation, divorce et bataille judiciaire avec l'ex ;
- relation de couple sans amour qui a perduré, *burn-out* amoureux ;
- mauvais choix de partenaire ;
- mauvaises influences (succession de partenaires, relation sexuelle avec usage de drogue) ;
- passé criminel ;
- maladie mentale ;
- maladie ou handicap physique.

Ces exemples peuvent laisser des séquelles ou une méfiance envers l'autre. Souvent, le passé a une influence sur le présent, mais surtout, il précise et définit nos besoins actuels. Il justifie notre expérience, il précise nos valeurs et nos aptitudes. Quelles leçons tire-t-on de notre passé ? Qu'est-ce qu'on veut en faire ?

Le vécu rejaillit sur l'aptitude amoureuse et la capacité à l'investissement conjugal. « Je connais mes besoins, je connais aussi mes limites ! » « Désormais, je sais que telle pratique sexuelle : c'est NON ! » « J'ai déjà fait de l'échangisme : PLUS JAMAIS ! » « J'ai fréquenté un narcissique-manipulateur : PLUS JAMAIS DE VAMPIRES AFFECTIFS ! » Vous savez ce que vous valez et ce que vous souhaitez pour l'avenir.

L'ironie de la chose, c'est le paradoxe des femmes. Elles désirent un excellent amant, compétent, viril et sensuel dès la naissance. Erreur ! Il l'est devenu au fil du temps, il l'a appris grâce à ses expériences. Je vois le même paradoxe du côté masculin. Ils veulent une femme sérieuse et cochonne, respectable et coquine. Ils abhorrent s'imaginer qu'elle a eu cinquante ou cent partenaires pour devenir la femme qu'elle est : intéressante au lit et dans la vie !

J'ai entendu une révélation fort touchante d'un homme anéanti d'avoir appris que son épouse avait joui avant lui ! Il se croyait le seul à lui avoir fait découvrir la puissance orgasmique. Cela le rendait fier, confiant. Après ce dévoilement, il a souffert d'attaques de panique. Pourquoi questionner le passé sexuel et amoureux dès le début d'une relation ? Pour s'éviter de mauvaises surprises ? Une déception ? À moins qu'une situation du passé ait des répercussions flagrantes sur votre vie actuelle et future (dénonciation d'un agresseur et procès en cour), vous faites erreur. Il n'y a rien de constructif dans cette démarche. « Avant, j'étais ainsi. Mon ex et moi, on constituait un produit X unique. C'était avant. Maintenant, je suis avec toi. Toi et moi formons un produit Y tout aussi unique. Ce n'est pas comparable ! »

Plus vous rencontrez une personne à un âge avancé, plus il y a de probabilités que son bagage soit lourd d'expériences diverses. C'est tout à fait normal ! Vous aussi, vous avez construit votre bagage. On change et on évolue au fil des années. On se bonifie. On se connaît. Notre façon de faire l'amour diffère. Et c'est tant mieux !

La santé sexuelle est cette capacité à laisser vos regrets derrière pour vous permettre d'avancer. Soyez bienveillant envers vous-même. Pardonnez vos excès ou vos faiblesses. La santé sexuelle est la résilience. Rebondir et accueillir la nouveauté. Elle sera très profitable ! Ne cultivez aucune culpabilité, honte ou nostalgie. Les émotions qui en découlent nuisent à votre vie. Vous vous en voulez d'avoir été négligent ou irréfléchi ? Vous ne pouvez rien changer au passé. Que faire pour vivre des expériences plus satisfaisantes ? Concentrez-vous sur maintenant et sur l'avenir.

Apprenez sur vous. Tirez quelques leçons et réorientez vos besoins de façon à ne plus répéter les mêmes erreurs. Regardez ce qui a changé en vous depuis les événements que vous déplorez. Croyez en vos capacités d'évolution. Évitez de vivre dans le passé, d'entretenir des regrets ou de la honte. Ces sentiments n'aident pas à mieux vivre sa vie ni à reprendre confiance en soi.

Pardonnez-vous vos erreurs de parcours et, si vous n'y parvenez pas, demandez-vous ce qu'il vous reste à faire pour y arriver et vous en libérer. Profitez pleinement des bienfaits d'une relation actuelle qui vous convient, sans vous soucier du passé. Devenir adulte, c'est sortir de sa position de victime pour ne plus être entravé par ces parties de vous détruites par de mauvaises expériences.

Se pardonner est un acte qui suppose réflexion et maturité. Son pouvoir permet de se redresser. Il confirme notre liberté d'avancer. C'est tourner la page sur nos souffrances et nous en délier sans les nier ni les oublier.

Ne pas parvenir à le faire génère des effets douloureux sur soi, en soi. Définissez votre sexualité, celle qui sera conforme à qui vous êtes vraiment, au lieu qu'elle soit dictée par le passé ou les autres. C'est votre santé sexuelle qui en dépend. Elle mérite d'être traitée avec précaution !

CHAPITRE 24

POURQUOI RESTER EN COUPLE QUAND ON NE S'AIME PLUS ?

Cette question est une réalité à laquelle je suis de plus en plus confrontée en clinique. Incroyable de constater à quel point les gens persistent à vivre dans une relation vide d'amour, où il ne reste que l'engagement, l'un des trois éléments de l'amour (l'intimité et la passion étant absentes). Le couple continue malgré tout en raison des années de vie commune, des enfants, des actifs (maison, chalet, bateau, condo en Floride, voiture sport), des habitudes de vie et du confort matériel. « Ça coûte moins cher de vivre à deux. Après tout, on se connaît si bien. Nous sommes deux très bons amis et des parents présents pour nos enfants. »

Les enfants ! L'argument le plus populaire quand vient le temps d'éviter la question de la séparation. Autant les enfants sont de grands perturbateurs de la relation conjugale dans la petite enfance (0 à 5 ans) par leur extrême dépendance, autant ils deviennent le trait d'union du couple, la colle qui unifie la relation. « On ne peut pas leur faire subir ça. » Les enfants nous observent et nous imitent. Ils sont d'extraordinaires caméramans, saisissant sur pellicule mentale nos interactions, en plus de ressentir l'ambiance affective-complice-érotique, ou la tension agressive. Un enfant veut que son parent reste un parent. Il se sent rejeté lorsque son parent se soucie de son couple, ferme la porte de sa chambre, fait des sorties sans lui ou part en vacances d'amoureux.

L'enfant veut que son parent soit à sa disposition. Et, de nos jours, les parents sont si dévoués et dédiés à leurs enfants qu'ils nourrissent cette dynamique sans le savoir : « Je veux le meilleur pour mes enfants ! » C'est compréhensible. L'inverse serait inquiétant. Mais le dosage est déséquilibré. Souvent, le couple se dissout complètement dans son rôle de parent, tant il est absorbé par l'immensité de la charge et par la culpabilité de ne pas stimuler suffisamment sa conjugalité.

Le mandat capital du parent est de créer un lien d'attachement avec l'enfant par sa présence sécurisante et aimante. Ainsi, il sera en mesure de répondre à ses besoins et il aura la sensibilité nécessaire pour décoder ses demandes à travers ses pleurs. « Je suis là et je sais ce que tu veux ! » C'est en agissant de la sorte que se développent la confiance et la sécurité chez l'enfant. Lorsque le sentiment amoureux s'effrite et qu'une rupture est imminente, la plupart des parents freinent. Ils craignent de ne plus être aussi présents à tout instant pour leurs enfants. Ils refusent de faire le deuil de la famille unie : « Il faut que je reste pour mes enfants. » Je comprends cet argument. Il s'agit d'un sacrifice familial rempli de noblesse. C'est aussi un sacrifice de soi. Rares sont les couples où les deux partenaires sont à l'aise avec l'option : « Restons ensemble pour les enfants, nous ne sommes plus des amants, mais des parents. Et c'est parfait ainsi ! » Ce choix de vie ne convient souvent qu'à l'un des deux. L'autre attend, espère, souffre et se sent frustré par l'impuissance. Toutefois, j'admets n'avoir accès qu'à une parcelle de la population, celle qui désire consulter. Je n'entends pas ceux qui vont bien.

Si vous n'aviez pas d'enfants, seriez-vous encore ensemble ? Vous voyez-vous ensemble dans vingt ans ?

La question se pose : pourquoi rester avec une personne que vous n'aimez plus ? Si vous n'aviez pas d'enfants, seriez-vous encore ensemble ? Vous voyez-vous ensemble dans vingt

ans ? Oui, vous la respectez. Vous l'aimez bien. Vous êtes atta-
chés l'un à l'autre. Mais ce n'est pas un sentiment amoureux.

L'amour est une décision. Chacun tient son bout du foulard. C'est un investissement et un engagement du cœur. Les
enfants freinent le mouvement impulsif de tout quitter.

Et c'est sans compter la peur qui sommeille possiblement
en vous. La liste est longue : peur de se tromper, peur de le
regretter, peur de ce que les autres vont penser, peur de rester
seul toute sa vie, peur du changement, peur de la solitude,
peur du marché des célibataires, peur de quitter la maison où
les enfants sont nés, peur que la vie n'ait plus de sens, peur
d'y perdre financièrement, peur de ce qui nous attend et peur
d'avoir perdu son pouvoir de séduction.

Il y a également la peur de son propre jugement. Ici, je fais
référence aux personnes infidèles qui réalisent aimer davantage l'amant que le conjoint de la relation principale. Quitter
pour l'autre, est-ce que ça en vaudra la peine ? Est-ce que je
fais le bon choix ? Ces personnes ont une carte de plus dans
leur jeu de la comparaison. Elles ne sautent pas dans le vide.
Il existe bel et bien une autre personne qui symbolise l'avenir.
Mais même au cœur de cette comparaison, alors que le fossé
s'agrandit entre le conjoint et l'amant, l'hésitation est au cœur
de l'âme.

La vie n'est pas un film de science-fiction. On ne peut pas
mettre le couple sur pause le temps d'expérimenter une autre
vie pour ensuite, solide de notre expérience et conforté dans
notre choix, avancer en toute confiance vers la séparation. La
vie n'est pas du cinéma, elle est imparfaite, réelle et d'une
durée de plus de quatre-vingt-dix minutes ! Ne pas savoir,
ne pas connaître, ne pas avoir de garantie ou de sécurité est
stressant. La rupture est un élément à la cote très élevée dans
l'échelle du stress. Elle arrive immédiatement après « décès du
conjoint » et avant « déménagement ». On sait tous qu'après
le divorce vient souvent une relocalisation (avec tous les frais
s'y rattachant !), et le niveau de stress augmente encore. Ces

raisons ordonnent la prudence. On préfère porter nos pantou-fles paralysantes ! La stabilité est confortable et sécurisante, mais souvent décevante, inadéquate, insatisfaisante et démo-ralisante. Un *statu quo* sans rien de nouveau sous le soleil. La petite vie qui continue. Sans saveur. Qui n'est plus à notre image. C'est d'une tristesse sans nom que de passer à côté de sa vie.

Notre société est devenue jetable. Plus rien ne dure. On exige la nouveauté. Tout de suite. Réparer les choses ? Pour-quoi ? On se lasse d'à peu près tout, de toute façon. Il en va de même pour les relations amoureuses et affectives. Ici, on nage à contre-courant du mouvement social. Perdurer dans un couple sans désir et sans amour ne semble pas actuel. C'est comme s'obstiner à vivre dans une maison contaminée par la moisissure : vous avez certains bénéfices (maison, confort matériel, enfant), mais vous sentez et vous savez que vous n'y êtes plus bien.

Si je vous pose ces questions, m'enverrez-vous dans quelques années une carte postale d'un endroit paradisiaque ? M'écrirez-vous à quel point vous êtes heureux et satisfait de votre nouveau quotidien ? Que serez-vous en train de vivre ? Avec qui ? Que se passera-t-il dans votre vie ? C'est une projec-tion qui précise la solution. Une distance voulue et un déta-chement imaginaire, pour qu'émerge l'élan voulu. Posez-vous ces questions. Vous serez étonné de vos réponses.

Si vous imaginez une lune de miel où vous renouvellerez vos vœux de mariage à Bora Bora, c'est parfait : vous savez quoi faire pour consolider votre union et retrouver la motivation pour la faire avancer. Votre sentiment amoureux est confirmé. Il indique la marche à suivre. Si c'est totalement l'inverse, vous avez aussi votre réponse. Donnez-vous le temps de vous y pré-parer. La visualisation aide à préciser l'état que vous désirez atteindre. C'est une question qui vous aide et vous guide à préciser vos besoins.

CHAPITRE 25

CÉLIBATAIRE ET HEUREUX, EST-CE POSSIBLE ?

Autosuffisance ou désespérance ? Certains choisissent et assument le célibat comme mode de vie. Ils se disent en vacances relationnelles, comme « un arrêt réparateur, une convalescence entre deux amours ». J'entends des hommes me dire : « Il n'y a que des folles et des dépendantes sur le marché ! » Et des femmes rétorquent : « Je suis seule parce que tous les hommes sont lâches, décevants, infidèles et manipulateurs. » Vous êtes célibataire, est-ce votre faute ? Tout pour plaire et toujours célibataire ? Encore de nos jours, nous percevons le célibat comme problématique, un « défaut de couple ». Les célibataires sont ceux qui n'ont pas réussi, c'est donc très culpabilisant. Et sur le marché du célibat, il y a de nombreuses personnes au style d'attachement insécurisant et détaché.

L'attachement est un besoin humain fondamental qui permet le développement d'une base de sécurité nécessaire à la construction de relations saines et positives. Notre premier lien d'attachement envers nos parents aura une influence certaine sur nos relations conjugales futures. Il aura aussi une incidence sur notre capacité à nous abandonner, à faire confiance et à nous investir. L'attachement permet aussi l'exploration du monde extérieur et la socialisation. Il est ce qui accroît la capacité à faire confiance. C'est la base du développement affectif et du développement tout court. Un enfant qui a un faible lien d'attachement et qui semble évitant a des réactions démesurées d'indépendance. Il donne une impression d'auto-nomie, d'autosuffisance. Un mini-adulte. C'est un enfant « pas de trouble » ! Il se débrouille seul. Il recherche peu de contacts avec autrui. Il n'aime pas les câlins et il n'est pas bien dans la proximité. C'est un enfant d'apparence saine, mais il est très stressé. C'est l'attachement « solo ».

L'enfant à l'attachement insécurisant est incapable d'auto-nomie. Il demande beaucoup de réconfort, mais rien ne semble l'apaiser. Il se réveille souvent la nuit pour demander sa doudou. Il est exténuant, épuisant et envahissant. C'est l'at-tachement « velcro ».

L'enfant à l'attachement sécurisant, lui, est capable d'ex-primer ses besoins et de demander de l'aide. Il est orienté vers la relation. Ce processus débute entre 12 et 18 mois et peut se poursuivre jusqu'à l'âge de 3 ans. C'est l'attachement « bonobo », comme ces singes affectueux et démonstratifs.

À l'âge adulte, ce style d'attachement se manifeste au sein de nos relations affectives, amoureuses et sexuelles. Plus le style d'attachement est sécurisant, plus la personne a une capa-cité amoureuse et un désir d'intimité. Cela est tout à fait à l'opposé de l'adulte au profil détaché, qui évite l'intimité et qui a plutôt mis son énergie à développer son autonomie.

L'excellent ouvrage sur l'attachement adulte de Levine et Heller[19] détermine deux conditions essentielles au style d'attachement.

1. Votre capacité à l'intimité, au rapprochement et à la proximité (ou encore à quel point vous évitez à tout prix l'intimité).
2. Votre anxiété quant à l'amour et à l'attention que vous porte votre partenaire, et vos préoccupations quant à votre relation.

---

19. Amir Levine et Rachel Heller, *Attached : The New Science of Adult Attachment and How it Can Help you Find – and Keep – Love*, New York, Tarcher-Penguin, 2010.

Un adulte au style d'attachement sécurisant a développé une bonne estime de soi, fait confiance aux autres, est à l'aise dans l'intimité et a l'impression de mériter l'amour de l'autre. Il envisage positivement les situations interpersonnelles. Il a du pouvoir sur lui-même et sur ce qu'il peut faire, ce qui est une source de valorisation. Les individus à l'attachement sécurisant vivent plus d'intimité, de passion et d'engagement que les autres.

Dans une relation de couple, la personne au style d'attachement sécurisant est satisfaite de sa relation. Et elle est capable de vivre seule, car elle réussit à rompre une relation non satisfaisante. Elle a une bonne écoute, ainsi que des habiletés de communication et de gestion de conflits. Elle exprime ses besoins et ses opinions. Capable de compromis, elle alterne entre la personne qui donne le soutien et celle qui en reçoit. Elle est satisfaite de sa sexualité. Fidèle, ouverte et respectueuse, elle considère que la communication favorise le plaisir et l'intimité.

Quant à l'adulte au style d'attachement insécurisant, il a une faible estime de lui, il a un besoin exagéré d'intimité, il ressent une forte dépendance envers les autres, il éprouve une peur intense du rejet et de l'abandon, et il recherche sans cesse l'approbation d'autrui et de l'attention. Ses attentes de soutien et d'amour sont exagérées. Il présente une grande instabilité émotionnelle et de la jalousie. Ses détresses sont importantes, comme s'il avait de la difficulté à se contenir et à imposer ses limites.

Dans une relation de couple, l'individu au style d'attachement insécurisant vit très mal sa solitude et tombe très facilement en amour dès qu'une personne lui manifeste de l'intérêt. Il maintient souvent des relations insatisfaisantes. Il a tendance à percevoir tout conflit comme un signe de rupture imminente. Il tente de calmer son insécurité par la discussion et cherche à communiquer en se dévoilant de manière excessive. Il peut aussi utiliser la violence psychologique (manipulation) pour

garder ou ramener l'autre vers lui. Ses relations de couple réus-
sissent rarement à combler son grand besoin de soutien.

Sur le plan sexuel, il recherche l'intimité par la tendresse et
l'affection. La sexualité représente une façon de ne pas perdre
le partenaire (surtout pour la femme). L'homme, lui, recherche
la réassurance par l'acte sexuel. Il est insatisfait de sa sexualité
et tolère des comportements sexuels non désirés.

L'individu au style d'attachement détaché a une forte
estime de soi. Il entretient de la méfiance envers autrui, comme
si les autres ne pouvaient être en mesure de répondre à ses
besoins, comme ce fut le cas avec ses parents. Il valorise l'autonomie, la réussite et l'indépendance. Dans cette catégorie,
on retrouve les narcissiques et les hypercarriéristes. La performance au travail est immensément valorisée.

Il n'est jamais complètement engagé dans une relation.
L'intimité représente une menace. Il refuse de montrer sa vulnérabilité. Il préfère cumuler des fréquentations uniquement
basées sur la sexualité, sans engagement. Il est généralement
insatisfait de ses liaisons. Il quitte facilement une relation
jugée insatisfaisante ou qui demande un engagement à long
terme. Il se dévoile peu et évite les conflits, perçus comme une
occasion de se rapprocher. Il se retire des discussions et devient
hostile si le partenaire l'oblige à communiquer. Il a tendance
à minimiser son besoin de soutien ou à faire des demandes
indirectes et imprécises à son partenaire.

Sa sexualité est principalement axée vers la pornographie
ou les aventures, puisqu'il est plus à l'aise dans une sexualité sans affects. Les manifestations de tendresse le mettent
mal à l'aise. Il est difficile de l'enlacer. Il a tendance à être
infidèle.

Sur le marché des célibataires, il y a un grand nombre
d'individus aux styles d'attachement insécurisant et détaché.
À première vue, ils se plaisent et s'attirent, car l'insécurisant
met tout en œuvre pour être choisi et séduit. Il se montre
très disponible et envoie plusieurs textos, appels, courriels et

autres invitations. Le détaché n'a rien à faire, car l'individu insécurisant fait tout pour deux, sans même s'apercevoir que l'autre ne daigne pas lever le petit doigt, sauf lorsque vient le temps d'être sexuel...

Vous avez un coup de foudre pour un profil détaché ? Souvenez-vous de ces quelques points de référence.

- Vous voulez de l'intimité et des rapprochements : il tient à maintenir une distance émotionnelle et physique.
- Vous êtes très sensible et vigilant à tous les signes potentiels de rejet : il envoie des signaux contradictoires facilement interprétés comme un rejet.
- Vous trouvez difficile de vous exprimer clairement et vous faites du sabotage en émettant un message contraire : il est incapable d'interpréter votre message ou de lire entre les lignes. Il croit que ce n'est pas à lui de le faire.
- Vous avez besoin d'être rassuré et de vous sentir aimé : il vous rabaisse, vous critique, vous dévalorise et vous méprise, créant ainsi une distance.
- Vous avez besoin de connaître votre statut civil (êtes-vous en couple ou pas, où vous en êtes dans la relation, si vous êtes exclusifs, engagés), et surtout de savoir si vous êtes une priorité pour lui : il préfère garder le mystère et des zones grises.

Il vous faut rechercher un partenaire au style d'attachement sécurisant. À ce propos, je vais volontairement reprendre les points précédents et faire le comparatif entre vos désirs et la réponse adéquate d'un partenaire sécurisant.

- Vous voulez de l'intimité et des rapprochements : il souhaite la même chose. Il est à l'aise avec l'intimité et n'essaiera jamais de vous repousser.
- Vous êtes très sensible et vigilante à tous les signes potentiels de rejet : il est constant et conséquent entre

ce qu'il dit et ce qu'il fait. Son message est clair et simple. S'il perçoit votre insécurité, il saura comment vous rassurer.

- Vous trouvez difficile de vous exprimer clairement et vous faites du sabotage en émettant un message contraire : pour lui, votre bien-être est en tête de ses priorités. Il fera tout son possible pour lire votre message verbal et non verbal.
- Vous avez besoin d'être rassurée et de vous sentir aimée : dès le début de la relation, il vous dira comment il se sent, ce qu'il a envie de vivre et ce qu'il souhaite aimer. Il est tout à fait à l'aise d'exprimer où il en est dans sa vie de manière conséquente et mature.
- Vous avez besoin de connaître votre position dans cette relation, votre statut civil et de savoir si vous êtes une priorité : il est stable et désire s'engager.

L'homme ou la femme au style d'attachement sécurisant ne sort pas d'un conte de fées. Ils existent. Le célibataire sécurisant assume son statut, car il sait qu'il est entre deux amours. Comme en vacances relationnelles. Il espère rencontrer la bonne personne. Il sait attendre. Sans être démesurément sélectif, il sait ce qu'il a à offrir et veut l'équivalent ou mieux. Il se sait de qualité et son ego est rassasié. Il souhaite partager sa vie avec un être digne. Mature, il désire un partenaire qui se connaît et qui sait où il en est. Il a appris de ses expériences et tire des leçons de son parcours de vie. « Je sais ce que je veux ET ce que je ne veux plus. »

Dès la première rencontre, vous le reconnaîtrez par son calme. Il est là, dans le moment présent. Précieux instant ! Il exprime qu'il souhaite aimer et être en couple. Il se montre disponible. Vous n'aurez pas de cachettes, de mystères et de non-dits. Et cela vous rassurera ! Les célibataires au type d'attachement insécurisant ont l'impression de subir leur statut et désespèrent de rencontrer, car ils tombent toujours sur de mauvais numéros. Des profils détachés. Cessez de croire que le crapaud se transformera en prince charmant!

Voyez clair devant un tel jeu et fuyez alors qu'il en est encore temps. Ces personnes n'ont rien à offrir de convenable. Elles ne peuvent répondre à vos besoins. Cessez de les mettre sur un piédestal. Cessez de croire qu'elles changeront. Cessez de ne voir que leurs bons côtés. Cessez de croire que l'autre représente votre unique occasion d'aimer: « Quelles sont mes chances de trouver une autre personne comme lui?»

Cessez de croire que le crapaud se transformera en prince charmant!

Aussi invraisemblable que cela puisse paraître, les personnes au profil détaché préfèrent fréquenter une personne au profil insécurisant. D'ailleurs, une bonne majorité de femmes à l'attachement insécurisant ont plus tendance à rencontrer des hommes au profil détaché. Ce résultat a amené les chercheurs à se questionner sur deux aspects.

1. Serait-il possible que ceux qui protègent jalousement leur indépendance choisissent inconsciemment des femmes qui empiètent sur leur autonomie?
2. Est-ce que celles qui recherchent la proximité sont attirées par des hommes qui les repoussent?

Pourquoi de tels paradoxes?

Il semblerait que ces deux styles d'attachement se complètent! Chacun réaffirme les croyances qu'il entretient sur lui-même et sur les relations de couple. La personne au profil détaché est confirmée dans sa croyance au sujet de sa solidité personnelle, de son autosuffisance et de son indépendance, et elle se sent ainsi très mal à l'aise lorsque le partenaire demande davantage de proximité.

L'individu au profil insécurisant veut toujours plus d'intimité que son partenaire. Il cultive son appréhension d'être laissé, car l'autre est évitant et rejetant. C'est comme une façon inconsciente de revivre un traumatisme, encore et toujours... Une vie de montagnes russes pour lui ! Dans ma clientèle, un grand nombre possède un style d'attachement détaché. Ce sont des patients de peu de mots, méfiants. Ils sont là mais se demandent pourquoi. Ils sont le seul maître

Ces nouvelles méthodes de rencontre sont des accélérateurs de conquêtes et de ruptures !

à bord et capitaine de leur âme. Je dénote souvent dans leur historique une expérience marquante. Ils furent éperdument épris d'une personne et sauvagement laissés ou trompés. Depuis, leur blessure a de la difficulté à se cicatriser. Ils sont sur leurs gardes. « À quand la prochaine souffrance ? Je ne peux faire confiance à personne. Je suis toujours insatisfait de l'autre. Au cours de la relation, ce sont nos différences qui me sautent aux yeux. » Ils souhaitent aimer, mais aimer qui ? La solitude leur va si bien...

Une tendance lourde chez les 55 ans et plus est le VCCS : « Vivre chacun chez soi. » Ils sont ensemble mais vivent séparément. C'est un phénomène qui illustre le ras-le-bol d'avoir vécu plusieurs ruptures et déménagé souvent. Une façon de se dire : « Plus jamais ça ! » Une rupture, c'est comme une amputation, l'autre part avec une partie de soi. Sans oublier que personne ne devient riche en se séparant. Seuls les courtiers immobiliers et les vendeurs d'électroménagers en profitent !

Les individus au style d'attachement détaché désirant se donner une autre chance et croire en l'amour doivent cibler la personne sécurisante. Leurs efforts de sabotage doivent cesser : fini de ne voir que les défauts et imperfections, de ne jamais dire « Je t'aime », de comparer le nouveau partenaire avec le fantôme de l'ex parfaite, de se convaincre que l'engagement n'est pas pour eux, de flirter et de tromper, de s'arranger pour créer une chicane lorsque tout va pourtant bien et d'éviter l'intimité.

Chez bien des célibataires, on assiste de plus en plus aux rencontres virtuelles, facilitées par des applications de géolocalisation de toutes sortes, dont Tinder, sur les téléphones intelligents.

Et quand la rupture survient, il n'y a rien de pire que de se faire laisser avec des points de suspension : il y a tellement matière à interprétation.

Tout se passe en temps Tinder : ultrarapide. On se *like* mutuellement, on se voit en après-midi ou en soirée et la rencontre sexuelle se produit. On se consomme. Le profil détaché s'y sent aussi à l'aise qu'un poisson dans l'eau. Vite épris, vite lassé, vite jeté. Ces nouvelles méthodes de rencontre sont des accélérateurs de conquêtes et de ruptures !

Avec cette rapidité à consommer vient le *ghosting* : partir sans laisser d'adresse. Sans raison. Pourquoi se confondre en excuses et se justifier alors que la personne ne plaît déjà plus ? Est-ce un phénomène générationnel des Y (les 19 à 29 ans) ou de la lâcheté et un manque de civisme ? Ceux qui ont un profil d'attachement détaché, levez la main : c'est vous qui êtes particulièrement ciblés dans ces agissements.

Et quand la rupture survient, il n'y a rien de pire que de se faire laisser avec des points de suspension : il y a tellement matière à interprétation. On sait tous que lorsqu'on part dans le monde imaginaire de nos interprétations, c'est toujours pour visionner un film d'horreur ou affronter nos pires cauchemars. L'autre s'en va avec les réponses. Le rejet nous affecte tous. C'est une anxiété universelle que d'être abandonné.

« Je ne suis pas suffisamment aimable, personne ne me choisit. »

Ces modes de rencontre ne sont utiles à mon avis que sur le plan récréatif. Si la stratégie vous sied, assumez et profitez-en. Selon vos expériences, il se peut que l'engagement et la fidélité ne fassent pas partie du tableau actuel. Tout ce dont vous pouvez avoir envie est de savourer votre célibat et de saisir les multiples occasions érotiques offertes. Après tout, vous n'avez qu'une vie à vivre ! C'est un signe de santé sexuelle que d'agir en toute connaissance de cause, avec lucidité et maturité. Connaître l'intention, le sens et le but de votre agir sexuel lors de vos rencontres multiples, épisodiques et épidermiques, va de soi !

Vive les permissions du terrain de jeu après la lourdeur préoccupante du laboratoire ! Vive l'abondance après tant de privation ! Ça se comprend, n'est-ce pas ? Célibataire et heureux ? Oui ! Célibataire et actif sexuellement ? Oui, bien sûr ! Certains couples envient la liberté égocentrique de ces célibataires et tout ce qu'ils peuvent se permettre ! Par ailleurs, certains célibataires envient la stabilité sécurisante d'une présence affective par la conjugalité et tout ce qu'elle semble promettre ! Toute réalité a son prix. Être célibataire demande d'apprivoiser sa solitude et d'en jouir. Être en couple demande des négociations constantes, du fait de vivre avec un être différent. Comment s'enrichir de cette complémentarité tout en demeurant soi-même ? Faire valoir ses besoins et ses limites, telle est la clé. Sans oublier d'écouter et de considérer les besoins et limites du partenaire.

Les périodes de vacances relationnelles sont bénies. Elles permettent de se retrouver et de redevenir égoïste le temps d'une pause, pour se connaître et préciser ce qui sera déterminant dans la prochaine relation. Je propose à mes patients un exercice d'écriture. L'écriture permet une conscientisation. Mais surtout, elle permet de parler sans être interrompu. Pour vous amener à cette réflexion, remplissez ce tableau.

MUST HAVE Ce qui est NON négociable et fondamental	NICE TO HAVE Ce qui est appréciable
1.	1.
2.	2.
3.	3.
4.	4.
5.	5.

N'inscrivez pas plus de cinq critères dans la colonne des NON négociables. Ils doivent être concrets et observables. Soyez clair. Si vous inscrivez « une personne gentille », à quoi le verrez-vous ? C'est loin d'être précis... Si vos critères sont : démonstratif, galant, généreux et viril, détaillez les comportements qui seront clairs pour vous. Respectez vos critères. Ouvrez l'œil ! C'est maintenant votre référence. Prenez le temps de réfléchir à ce qui vous convient vraiment, à ce qui est significatif pour vous, un élément fondamental du bonheur !

CHAPITRE 26

CULTIVEZ VOTRE BONHEUR !

Quelle notion abstraite que le bonheur ! Elle est la tendance des temps modernes, mais manque de précision. Ce qui fait mon bonheur est différent de ce qui le crée pour l'autre. On dit qu'il se trouve dans les choses simples. Lesquelles ? Concrètement, de quoi s'agit-il ?

Selon le professeur et auteur Tal Ben-Shahar de l'Université Harvard (Cambridge), 50 % de notre bonheur est déterminé par nos gènes, et 40 % dépend de nos choix. Nous avons une marge de manœuvre ! Dans son livre[20], il expose quatre profils illustrant notre capacité à conjuguer plaisir et sens.

1. Fonceur : les activités visent des bénéfices futurs, mais procurent peu de plaisir.
2. Bon vivant : le plaisir immédiat prime sur les bénéfices futurs.
3. Défaitiste : ne trouve ni plaisir ni sens dans son mode de vie.
4. Heureux : s'épanouit dans la poursuite de bénéfices tant immédiats qu'à venir.

L'auteur décrit quatre facteurs de sérénité qui permettent d'arriver à être plus heureux et à cultiver son bonheur.

---

20. Tal Ben-Shahar, *L'Apprentissage du bonheur, principes, préceptes et rituels pour être heureux*, Paris, Belfond, 2011.

1. L'autodérision. Vous croyez être déprimé, anxieux et en colère ? C'est un signe de bonne santé mentale ! Connaître ses hauts et ses bas, ses échecs et ses variations d'humeur est sain. Les psychopathes et les cadavres sont les seuls genres de personnes qui n'éprouvent jamais d'émotions pénibles. Acceptez ses montagnes russes émotives permet de les traverser et de mieux les surmonter. Votre mantra est : « Apprenez à échouer, sinon vous échouerez à apprendre. »

> « Le bonheur n'est pas chose aisée. Il est très difficile de le trouver en nous, il est impossible de le trouver ailleurs. »
>
> **Sébastien Roch, dit Nicolas de Chamfort**

2. Cessez de faire plusieurs choses en même temps ! Faites-en moins. Réussissez ce que vous entreprenez. Stoppez le multitâches. Par exemple, si votre chanson préférée à 10/10 est X et votre deuxième meilleur *hit* à 9/10 est Y et que vous écoutez les deux chansons ensemble, vous obtiendrez 19/20, non ? Justement pas : ce ne sera que du bruit ! Essayez d'éteindre votre cellulaire deux heures par jour. Octroyez-vous des périodes de concentration ou des plages de repos.

3. Faites de l'exercice. L'équilibre émotionnel est lié à votre hygiène de vie. Ben-Shahar cite une étude faite auprès de personnes atteintes de dépression. Le premier tiers prenait des antidépresseurs, le deuxième faisait trente minutes d'exercice trois fois par semaine, et le troisième combinait antidépresseurs et exercice. Les trois groupes ont connu des améliorations. Ceux n'ayant fait que de l'exercice ont eu des progrès à plus long terme. Après dix mois, les cas de rechute se retrouvaient dans le premier tiers. Le sport ne

fonctionne pas comme un antidépresseur, mais l'absence d'exercice a des effets dépresseurs.

L'activité physique comporte les mêmes bénéfices que l'activité sexuelle : réduction du stress, des maladies chroniques et des désordres cogni-tifs. Pratiquer un sport améliore la qualité de vie, le sommeil et le contrôle du poids. C'est un des meil-leurs ingrédients du bonheur. À la suite d'un effort phy-sique, vous vous rendez compte que vous avez les idées plus claires, vous analysez mieux les problèmes et vous avez moins d'agressivité.

> **Le sport ne fonctionne pas comme un antidépresseur, mais l'absence d'exercice a des effets dépresseurs.**

Mon conjoint m'a initiée à la course à pied en mai 2012. Je me souviens encore de mon premier parcours et des multiples courbatures les jours suivants... J'ai adoré ! Et je continue, même l'hiver ! Moi, une non-sportive, j'ai trouvé MON sport. Comme j'aime être seule, c'est l'activité parfaite pour moi : accessible et pratique. Je choisis mon parcours, ma musique, mon rythme. Je suis avec moi-même. Courir me procure une pause mentale. Lorsque j'ai une décision à prendre, je vais courir. Instantanément, le ménage se fait. Ma pollution mentale s'évacue ! C'est presque médi-tatif et hypnotique, car sur certains kilomètres je n'ai plus conscience de mes pas, et j'avance ! Quand j'arrive à mon cabinet, je suis beaucoup plus « posée ». Je suis disposée à entendre les confessions des patients. L'activité physique contribue à mon hygiène de vie. Ce temps est sacré. Il irradie sur les autres sphères de ma vie. Il m'aide à mieux affronter les situations imprévisibles et l'incertitude. Grâce au sport, je préserve ma santé physique et je libère un espace mental pour autre chose que strictement le travail.

Le sport peut vous aider à vous épanouir sexuellement. Le stress, le surplus de poids et la sédentarité ont une incidence sur la vie sexuelle. Deux ou trois séances d'exercice par semaine fortifient le cœur et développent votre capacité respiratoire, en plus d'être une excellente façon de décharger la tension !

Le sport peut vous aider à vous épanouir sexuellement.

Monsieur de plus de 40 ans, sachez que l'entraînement contribue à l'augmentation de votre testostérone, et les relations sexuelles sont plus fréquentes de 30 à 45 % chez les gens actifs. Faire l'amour après un entraînement aide à mieux contrôler le moment de l'éjaculation, car la tension est déjà évacuée par le sport.

4. Tenez un journal de gratitude, qui est la reconnaissance de la bonté dans votre vie. Inscrivez-y trois à cinq expériences positives par jour. « Pourquoi cette bonne chose est-elle arrivée ? » Une fois par semaine, écrivez cinq choses pour lesquelles vous êtes reconnaissant (présent ou passé). Pourquoi la gratitude fonctionne-t-elle ? Elle permet de savourer les expériences positives de la vie. Elle augmente l'estime et la valeur de soi en voyant ce que les autres et la vie apportent. Elle aide à surmonter le stress et les traumatismes en réinterprétant positivement les événements, en y donnant un autre sens.

Les principes et fondements qui nous permettent d'être bien sont tous d'une grande simplicité, et pour la plupart sont connus depuis longtemps. Le problème ? Nous ne les appliquons pas ! Comment passer à l'acte ? Je vous propose des phrases dont vous devez imaginer cinq fins possibles.

1. Les choses qui me rendent heureux sont...
2. Pour instaurer 5 % de plus de bonheur dans ma vie, je devrais...

3. Si je travaillais davantage à la satisfaction de mes besoins, je...
4. Si je commençais à dire OUI quand j'ai envie, et NON quand je n'ai pas envie...
5. Si je me mettais à respirer profondément et si je me laissais aller à ressentir ce que c'est vraiment que le bonheur...

Pour vous exercer davantage au bonheur, voici quelques mantras. Ce sont de petits chuchotements encourageants et amicaux auxquels on s'accroche pour ne pas trop s'inquiéter ou se décourager. Un matin où je stressais à propos de la multitude de choses à faire, je me suis agrippée à celui-ci : « Fais de ton mieux et n'oublie pas d'être heureuse. » Ou encore, à la veille d'une performance médiatique : « Nourris ta foi, tes peurs vont crever de faim ! » J'ai aussi en magasin : « Mieux vaut marcher et respirer que ruminer. » Et si votre esprit tourne en boucle autour d'un problème insoluble : « Ne renonce jamais sans avoir essayé. Mais si tu as vraiment essayé, donne-toi toujours le droit de renoncer. » Ces mantras servent à éteindre votre radionégativité et vos ruminations mentales et, ainsi, à être davantage en santé sexuelle et mentale. Le secret du bonheur réside dans l'action. Bougez physiquement et faites bouger vos idées !

« EMBRASSE-MOI COMME TU M'AIMES ! »

Cette phrase est tirée du film d'André Forcier sorti en 2016. Dès que je l'ai entendue, j'ai eu immédiatement un coup de cœur pour la richesse du contenu et la charge symbolique du message. Le baiser est un des premiers gestes mis de côté dans un couple quand le rôle de parents a surclassé celui des amants. Premier signe de négligence affective et sensuelle. Premier éloignement. Passer de longues soirées à s'embrasser à pleine bouche est chose du passé. Maintenant, c'est à peine du bout des lèvres. On se donne un bisou. Le *necking* a disparu. Faute de temps ? S'embrasser hors du contexte génital est fondamental ! Le baiser permet le rapprochement des têtes, des corps et des âmes.

> Que ce soit pour se dire bonjour ou au revoir, le baiser traduit la manière d'« être ensemble », soudés, connectés, en harmonie et amoureux.

Il facilite le temps d'un instant l'abandon et un lâcher-prise des responsabilités. Que ce soit pour se dire bonjour ou au revoir, le baiser traduit la manière d'« être ensemble », soudés, connectés, en harmonie et amoureux.

Questionnez-vous sur la véritable raison de ne plus vous embrasser. Une maladresse ? Une mauvaise haleine ? La cigarette ? Un manque de motivation ? « Je n'ai plus le goût de me

rapprocher de lui ! » Un évitement conscient des rapprochements ? « Chaque fois qu'il m'embrasse, il veut faire l'amour. »
Croyez-vous que ce soit une bonne idée de tout freiner ? Le
baiser fait partie des gestes affectifs gratuits. La tendresse est
tout sauf sexuelle, mais elle pourrait le devenir. Je sais, la ligne
est mince. Tout arrêter est une privation ridicule. Vous vous
aimez et croyez en votre relation ? Il est urgent de remettre
les baisers à l'ordre du jour. Prenez le temps que vos lèvres
se rencontrent, se goûtent et fassent plus ample connaissance. Vous réalisez que vous êtes désengagé, désinvesti et
très détaché dans votre relation ? Je comprends votre logique.
Votre éloignement est honnête, alors que votre baiser, dans
un tel contexte, serait hypocrite. Vous ne pouvez offrir ce que
vous ne ressentez plus.

Plusieurs messages et intentions de ce livre passent par le
geste. On sent immédiatement la présence du partenaire. Par-
ticipant ou non. « Embrasse-moi comme tu m'aimes ! » incite à
se poser et à prendre conscience. C'est une réflexion sur votre
intimité et votre capacité à aimer. Pour vous dévoiler. Je vous
laisse sur cette source d'inspiration et d'introspection, pour
votre santé sexuelle !

DANS LA MÊME COLLECTION

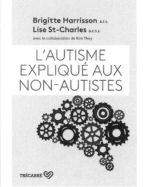

Suivez Sylvie Lavallée sur :
sylvielavallee.com
facebook.com/sylvie.lavallee.94
twitter.com/lavalleesyl
et restez à l'affût des titres à paraître chez Trécarré en suivant
la page de Groupe Librex : facebook.com/groupelibrex

edtrecarre.com

Cet ouvrage a été composé en Celeste 14 pt
et achevé d'imprimer en décembre 2016 sur les presses
de Marquis Imprimeur, Louiseville, Canada